「こだわり」からオファーにつながる！

# インスタグラムの新しい発信メソッド

艸谷 真由
Mayu Kusatani
@may_ugram

The New Method for Instagram

同文舘出版

「こだわり」からオファーにつながる！

# 最新版　インスタグラムの
# 新しい発信メソッド

## 誰もが "発信者" として
## 活躍できる時代

「インスタグラマー」。
私がインスタグラムに本腰を入れた 2017 年当時。
テレビや世間の話題も
「インスタグラマー」という言葉で持ちきり。
自分とは次元の違う "遠い世界の人" だけが
切り開ける道だと、
そう言い聞かせていた時もありました。

もし……、生まれ持った見た目や環境にかかわらず、
自分の強みやこだわり、あるいは
誰かに伝えたいことを届ける "発信者" として、
心から興味のある内容を発信し続けることで
それ自体が仕事に変わるとしたら……。
毎日がより輝くような人生を送れる気がしています。

好きなことに使ってきた時間を情報として発信することは
誰かにとっての価値につながり、
そして、いつの日か "発信者" として、
インスタグラムで投稿すること自体が仕事になるのです。

あなたも、この可能性が詰まった
広い世界に一歩踏み出してみませんか？

# 10ヶ月で自力で1万フォロワーを獲得した
# may_ugramの中身を紹介

【アカウント名】mayu {fashion×cafe..

「週末がもっと楽しみになる」。場所に合わせた
コーディネートでおしゃれ&キュートなスポットをご紹介

2018年11月から2023年6月まで、お出かけ系アカウントとして10ヶ月で1万フォロワー
を達成した時のアイコン。このアイコンで多くの人に覚えてもらいました。

## 📷 Passion de Rose ／白金

白金高輪駅から徒歩2分♪赤い外観がとても印象
的なこちらのカフェは、ケーキがおいしすぎると
テレビでも紹介されたお店です。バラの形をした
「ローズケーキ」が一番人気。

FASHION POINT：バラを象徴するお店だったので、花
柄のトップスをメインに、クラシカルな装いでまとめ
ました。お店のキーカラーをファッションに盛り込む
と一体感が生まれます。

## 📷 The Fixxers ／福生

福生駅から徒歩15分。ポップな外観からは想像
がつかない靴の修理屋さん。福生の国道16号線
沿いには、アメリカンな外観のお店が並んでいる
ので、インスタグラム用の撮影にピッタリ。

FASHION POINT：背景のお店を目立たせたい時は、お
店のキーカラーをメインとしたシンプルコーデが一
番。実際に歩きながら連写すると、今にも動き出しそ
うな写真が撮れるのでオススメです♪

**NOW!**

【アカウント名】 ART PLACE COLLECTION by mayu kusatani
アートスポットを発掘し、アート体験を促進しよう！
国内外の美術館やアート宿をご紹介しています。

2023 年 7 月現在はこのアイコンで活動中！ アート巡りをはじめて約半年。「自分風の作品を描いてもらおう！」と発信内容から思いつき、アーティストさんにインスタ DM から依頼をしました。目を惹く色味と写真のような構図もこだわりです。

## 📷 SHIROIYA HOTEL ／前橋

現代アート×国内宿を語る上で外せない、美術館のようなホテル。館内の無機質な空間に合わせて、直線的でシンプルなファッションを選びました。

**PHOTO POINT**：外のテラス席がちょうど誰もいなかったので、そういう時はすかさず空間を広く入れ込んだワンショットを撮影します。

## 📷 COEDA HOUSE ／熱海

隈研吾さん建築・設計のカフェ。47 都道府県を巡り切った中で、隈研吾さんの建築は外せません！

**PHOTO POINT**：青空がきれいな日に訪れることができたので、テーブルガラスの反射を活かし、抜け感のある構図で撮影をしました。ガラス窓が広い空間では、外の景色を入れ込むことが必須の撮影方法です。

写真の撮り方やフィードの並べ方は、以前の投稿から何ひとつ変わっていません。では、どの部分が大きく変わったのか。それは「本物を知りたい！」という好奇心です。一流の建築家が設計した宿や、世界的なアーティストが生み出す作品を自分の目で確かめ、何が素晴らしいのかを感じること。日本中には数々のアートスポットがあり「行ってみたい！」と休日が楽しみになる場所を日々探しながらご紹介しています。その想いも実はまったく同じなのです。また、アート巡りをすることでどういう未来が開けるのかまったく予想ができないという道も面白そうで新しいテーマに選びました。

# 発 信 が 仕 事 に な る 仕 組 み

Point 1

## 今、企業は発信者の力を必要としている

「発信が仕事」と聞いて、どんなイメージを持ちますか?

もうご存じの方も多いと思いますが、今、「商品やサービスを一般の発信者に PR してもらいたい」という企業がとても増えています。

フォロワー数の多い発信者の投稿に価値を感じた企業が、直接または代理店を通して、PR 案件のお仕事を依頼しているのです。

Point 2

## 一般人だからこそ頼まれるお仕事がある

芸能人ではなく、一般人の発信者の投稿は、より商品が身近に感じられ、「趣味の好みが近そうなあの人が使っているなら私もほしい」と思ってもらえるのです。

商品を撮影して投稿する PR 案件、企業のアカウント用の写真を撮影して納品する撮影代行案件、さらにはブランドのレセプションパーティーへ参加したり企業の商品企画にも関われるお仕事まであります。

自分の発信内容からぴったりのお仕事依頼が来るので、楽しみながら新しい収入の柱ができるのです。

［インスタグラムで仕事を受けるまで］

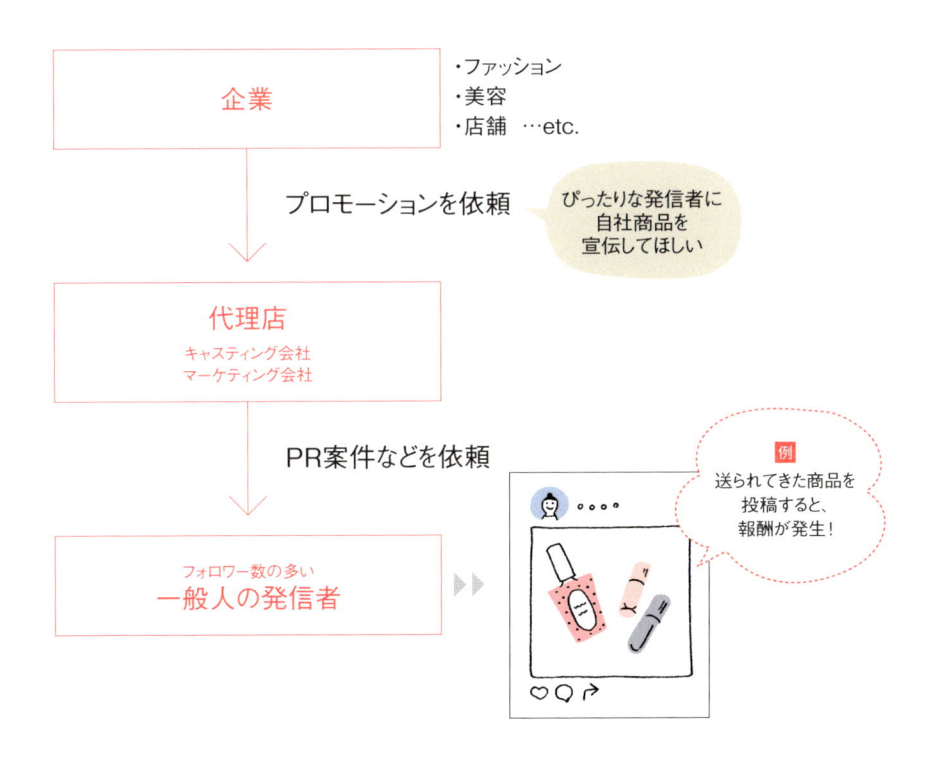

**Point 3**  企業や代理店が依頼する発信者を選ぶ
５つの要素

①何をテーマに発信しているか
②どういったコンテンツをつくっているか
③世界観は統一されているか
④リーチしているユーザー層（フォロワー）の属性（主に男女比）
⑤エンゲージメント率（いいね数＋コメント数＋保存数）

中でも、「自分の世界観」は大切です。あなたの世界観にフォ
ロワーがついていくと言っても過言ではありません。本書では、
世界観のつくり方もお伝えします。

# まずは、9枚の投稿を完璧につくり上げる！

6章02「センス不要！　パターンと構成の考え方」参照

## 9枚の写真が大切な理由

タイムラインに流れてきた1枚の写真。「素敵だな。ほかにはどんな写真を投稿しているアカウントなんだろう」と、その写真を投稿したアカウントのプロフィールページに行きます。そこで、「なんか素敵なアカウント。とりあえずフォローしておこう」と、フォロワーになってもらえるのがベスト！

しかし、「なんか素敵なアカウント」と思ってもらうには、最初の画面に映る9枚の写真がものすごく大切なのです。プロフィールページに来てくれたその1回でフォロワーになってもらうために、「最高の9枚」をつくり込みましょう！

## Pattern 1

### 色×格子
### 「写真のキーカラーで差別化」

格子状にグレー系の写真を配置。残りの5枚は上下・左右の写真に含まれる色をキーカラーとした配列。

## Pattern 2

### 色×横3列
### 「引きか寄りかという
### アングル（構図）か
### キーカラーで差別化」

真ん中一列はあえてブルー系の写真で統一。上下の列は、上下左右の写真に含まれる色をキーカラーとして配置。

## Pattern 3

### テーマ×格子
### 「テーマにコンテンツを
### 2つつくって差別化」

格子状に「自分×お店」の写真を配置し、残りの5枚はフードがメインの写真とした配列。

# あなたの投稿に価値がつく
# 世界観の考え方

この写真は、私の投稿初期に、「いいね！」がたくさんもらえた写真です。「ファッションとおしゃれな壁」をセットにしたところ、とても多くの方の反応が得られました。

しかし、「壁とファッション」だけだと情報量が圧倒的に足りません。フォロワーを増やすには、見て楽しいだけではなく、「知りたい情報」が入っていることが重要です。そこで、カフェをサブテーマに決めて、私の強みであるファッションと合わせて、「1枚のアート」になる写真と情報を発信することに決めたのです。

# 映える写真撮影は、究極の2パターンでいい！

5章01「水平・垂直だけで『いいね！』倍増！」参照

## ●低いものは水平に

おしゃれな写真の秘訣その1は、高さがないものは真上でカメラを構えて、水平に撮影。その際、影がメインのモノに写り込まないようにすることや、まわりの小物の置き位置もセンスよく。

## ●高さがあるものは垂直に

秘訣その2は、高さがあるものは真横から垂直に撮影すること。おしゃれな壁が背景にあるカフェなどでは、それ自体が写真のクオリティを上げてくれます。

# 思わずフォローしたくなる
# インスタアカウントの世界を
# のぞいちゃおう！

夢の特別企画！！　各ジャンルで人気のアカウントを運用する発信者さんが、
それぞれの「インスタグラムストーリー」を語ってくださいました！

どんな想いでインスタグラムをはじめ、
どんな投稿で人気になったのか、その真相が明らかになります！

そのインタビューは 46 ページからはじまりますが、
ここでは、その方々のアカウント写真をのぞいちゃいましょう！

# 坂本リエ さん

【パン好きフリーランスライター】
@r11echan

【PANTES】こしあんがみっちりと詰まった
あんぱん。ここまで詰まってるものがない
のかリーチ数が増え、フォロワー数が一気
に伸びました。

【Le Lieu Unique】カラフルな色合いとと
ろーりと垂れたクリーム。クロワッサン
の美しい断面が相まって写真映えします。

【PIECE OF BAKE】話題の生ドーナツ。
クリームが少し見えているところがかわ
いく、カフェ好きが行く話題のスポット
ということもあり注目を浴びました。

トレーニング風景。ボディメイクしなが
らパンを食べていることを発信していて、
一見矛盾していますが、食べても体重維持
ができることに共感をいただいています！

# りょうた。長野カフェ & 喫茶 さん

【カフェ系インスタグラマー】
@ryota1017r

たくさんのカフェの情報を1投稿に凝縮した
「まとめ投稿」は保存数が伸びます！ テー
マごとのまとめが好評です。

長野県らしい、自然に囲まれた「古民家カ
フェ」系の投稿は人気があります。

「宿泊施設」の投稿は、県内外問わず様々
な地域の方に見ていただくことができるた
め、リアクションがよい傾向にあります。

カフェやホテルなどのほか、"アクティビ
ティ"などの情報も取り込んだ「お出かけ
スポット」の投稿も人気です！

# ゆう QOL高めたい社会人2年目OL さん

【社会人2年目 OL】
@chanyu_smile

記念すべき最初の投稿。発信をはじめた
きっかけは「思いつき」でした。

当初は中高生向けの勉強法を発信。これが
きっかけで書籍出版のオファーをいただき
ました。

大学在学中はバイトのこと、就活のこと、
授業のことなど……。その時の自分の環境
に合わせて内容を変えて発信。同世代の
フォロワーが急増しました。

社会人になってからも発信活動は継続。下
の世代にとって社会人がより身近にイメー
ジしやすくなるような投稿を意識していま
す。

# じゅんじゅん｜
# 本のソムリエ 1日1分学びの習慣化 さん

【読書系インフルエンサー】
@junjun.book

「感動」というワードで安定したリーチ数を伸ばすことができました。でも「感動」という言葉ばかりだと飽きてくると思い、「感動」の言い換え言葉を調べて出てきた「涙腺」を投稿のワードで入れたら大ヒットしました。

本が好きな人は何かしら自分の人生をよりよくしたい人が多いと感じました。僕が本を読みはじめた時もそうだったので、そんな時に思いついたのが「人生」というワードを入れた投稿でした。

当時2,000冊以上の本を読んできた僕が絶対におすすめする本なら、フォロワーさんも読んでみたいと思うかもしれないと「絶対」というワードを入れたらヒットしました。

この投稿は、過去に読書をしてこなかった僕が「やる気」「自己肯定感」というワードの本があったら買ってみたかっただろうと選びました。

## yuuka さん

【美容系インスタグラマー】@yuuka1223

詳しくは 187 ページへ

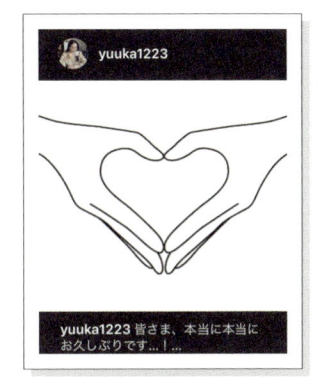

ストーリーズにて「友達に LINE するテンションで私に話しかけてね！」のコンセプトではじめたシリーズが好評で、毎回たくさんのメッセージをいただきます。

約2年間のお休みを経て復活をした時の投稿です。その時に感じていた想いのすべてを嘘偽りなく文章にしたら、たくさんの温かいコメントで受け入れてもらえました。

## のん｜カフェ さん

【カフェスタグラマー】@noncafe_gram

詳しくは 193 ページへ

「ルーフトップバー 新大久保4分 PALLE」。チャミスルサワーがかわいいお店。人気飲食店プロデューサーで話題なことにも触れて。

「推し活もできちゃう 表参道3分 東京茶屋じんじゃーがーでん」。"悶絶かわいい和かふぇ"の空間だったので、文章にも桜やハートなどかわいい絵文字をたくさん使いました。

さあ！　あなたも
発信を通して、
自分らしいお仕事に出逢おう！

"発信者"としてお仕事になるまでに、
実際にどんなことを発信し、
どういったルートをたどって夢をつかんできたのか、
何となくイメージはついたでしょうか？

「写真を撮って投稿する」という一連の流れの中には、
発信者自身が考えるそれぞれの想いがあり、
その夢に向かって地道な努力を続けることがオファーにつながります。
あなたが最初に想像した"遠い世界の人"のイメージが
変わったのではないでしょうか？

それではさっそく、私が発信者になるために
どういったステップを踏み、お仕事につなげてきたのか、
そのすべてを公開いたします！
ぜひ最後までお楽しみください。

「こだわり」から
オファーにつながる！
最新版
インスタグラムの
新しい発信メソッド

# Contents

CHAPTER

# 1 発信が仕事になる仕組み

CHAPTER

# 2 今からでも インスタグラム発信が 間に合う理由

CHAPTER

# 3 フォロワー数は 「give」の値

CHAPTER

# 4 プロフィールページは あなたの顔

CHAPTER

# 5 素人でもOK！ 写真の撮り方と 編集方法

CHAPTER

# 6 投稿順序で 世界観をつくる

CHAPTER

# 7 つながりが 成功のカギ

CHAPTER

# 8 代理店登録から はじめよう

おわりに　探究心を持つことで道は開ける

装丁・本文デザイン　ホリウチミホ（ニクスインク）

本文イラスト　坂木浩子（ぽるか）

# PROLOGUE

## 10ヶ月で
## 1万フォロワーを集め、
## 起業した主婦の正体

The New Method for Instagram

## ☞ インスタグラマーを目指したあの日

　本書を手に取ってくださり、ありがとうございます。初めまして。艸谷 真由と申します。私は現在、自分の会社、株式会社 grams を経営し、日本の大手小売店やブランドなどのファッション企業にインスタグラムのディレクションやトレーニングサービスを提供しています。

　みなさんは、「もっとフォロワーを増やしたい！」「新しい道を切り開きたい！」と思って本書を手に取ってくださったと思います。私は、自力でフォロワーを増やし、発信を通して仕事にすることを実現してきました。では、この未来をどのように手に入れたのか、最初に私のインスタグラムストーリーを知ってほしいと思います。

　私は、幼い頃からファッションが大好きで、大学卒業後は、アパレル企業へ就職しました。服が好きだからという理由はもちろんですが、それ以上に「何を着るかで人生が変わる」ということをお伝えしながら、「目の前のお客様を楽しませること」が大好きで、販売員というお仕事に誇りを持って働いていました。退職してから1年後に結婚し、主婦になったところからこの物語ははじまります。

　2017年8月、つまらなく感じていたパート勤めを辞め、夕食の準備をしていた時のことです。たまたまテレビで「インスタグラマー特集」を観て、「自分もこんなふうに楽しみながら働いてみたい……」と思ったことがきっかけで、突如 "インスタグラマー" を目指すことに決めました。

　まったく予測のできない未来のために自分の時間と労力を割くことを、当時は誰にも理解されなかったわけですが、毎日淡々とただ過ぎ

去ってしまうこの日常を変えるには、インスタグラムをはじめることしかない、と強く思ったことを覚えています。

　インスタグラマーを目指すといっても、フォロワーが増えた先の世界がまったく想像もつかなかったのですが、「1年間で1万フォロワー」と「インスタグラマーとして正社員並みの月収を稼ぐ」という具体的な2点を目標に掲げました。

　当時の私のインスタグラムは、150フォロワーの非公開アカウントで、友達との写真を載せる投稿がメインでした。Twitter（現：X、本書内ではTwitterと表記）も見る専門のアカウントで、ブログもやっていないため、ほかのSNSとの相乗効果もまったく期待できません。また、影響力のあるインフルエンサーの知り合いがいるわけもないので、当然コネなしです。専業主婦でしたので、肩書き・知名度もなく、みんなが見惚れるような美貌もありません。

　しかし私には、「絶対にイケる」という根拠のない自信だけはありました。

　正直、あの日テレビを観る前までは、インスタグラマーと呼ばれるような“フォロワー数の多い一般人”の投稿を見たこともなかったのですが、その番組を見て私が最初にとった行動は、その方々のアカウントを見ることでした。

「どんなプロ級の投稿写真が出てくるのだろう」と思っていたのですが、「頑張れば私も撮れそう」というのが正直な感想でした。

　そう思ったのは、私が写真を撮ることが得意だったからではなく、「インスタグラマーの撮る写真は、プロカメラマン並みのスキルが必要」と思い込んでいたからです。

　もちろん、フォロワー数が少ないアカウントと比べると、インスタグ

ラマーの撮る写真は、とても上手なのですが、"どうやって撮るか"というよりも、"どこで何を撮るか"というぶれないテーマ設定・継続力。これさえ守れれば、0からでも成り上がれると確信したのです。

## 👉 インスタグラムに没頭した日々

　デジタルなことがとにかく苦手な私は、アナログ的な考え方しかできませんが、毎日試行錯誤を繰り返し、狂ったようにインスタグラムの中に滞在し続け、とにかく見よう見真似でなんでも試していきました。

　最初の1ヶ月間は毎日投稿しても300フォロワーほどしか伸びず、プロフィールページに載せる肩書きもなかったので、女子向けウェブメディアのアカウントを見つけては、とにかく"アンバサダー"に、応募してみたりもしました（ここでいうアンバサダーとは、メディアのアカウントを無報酬で応援する人です。当時、プロフィールページに「○○アンバサダー」と記載されていると一般ユーザーよりも箔がつきました。肩書きがない人にとっては、現在もブランディングに最適です）。
　しかし、メディア側からはまったく返信が来ない日々。その上、自分とそこまでフォロワー数は変わらないけれど、見るからに外見がかわいい方はすでに採用され活動しはじめている……という現実を知って悲しくなる日もありました。
　ですが、その悔しさも原動力とし、同じようなテーマで発信している方達を見ては、「インスタグラムにかける時間で追い抜いていこう。いつか、私をアンバサダーにしなかった企業さんを見返したい！」と自分を奮い立たせると、その意気込み通り、どんどんフォロワー数が増え、ついにアンバサダーのオファーも来るようになりました。

## 👉 インスタグラマーへの道が加速した時

　そうしている内に、３ヶ月目で2,000フォロワーを突破し、初めてメディアに私の記事を書いてもらえたのです！「これで私もインスタグラマーの登竜門を突破した！」と思いましたが、その１記事で一気にフォロワーが加速するというような夢物語は残念ながらありませんでした。

　そんな現実を受け止めつつも、「ひとりでも自分の投稿を見て、楽しんでもらえる人を増やそう」という想いをぶらさずに、毎日コツコツとインスタグラムに費やしてきた行動量の結果として、安定して毎月1,000フォロワーずつ伸びるようになりました。

　そしてテレビを観てから４ヶ月が経とうとした2017年の12月。当時のフォロワー数は4,000人。なんと、テレビで観た内容と同じ案件が来たのです！　それは、「活動資金をお渡しするので、お好きなカフェで撮影をして来てください」というものでした。
「目標の１万フォロワーを達成していないのに、テレビと同じ案件が来た！」と、飛び跳ねるほど喜んだことを今でも覚えています。

　自分でお金を払ってカフェに行き、インスタグラム用に撮影して投稿していたことが、初めてお仕事に変わった瞬間でした。それからインスタグラマーがよく顔を出しているような憧れのレセプションパーティーに呼んでいただけることが増えてきて、インスタグラムのDM（ダイレクトメール）からお仕事の依頼が来るようになりました。

　プロ級の写真は撮影できないですが、カメラマンのお仕事をいただいたり、ライターをしたり、報酬つきの試食会に参加したり、法人のイン

スタグラム運用に携わらせていただいたり、海外にまで行かせてもらえることもありました。これがインスタグラムをはじめてから半年ほどしか経っていないのに経験した世界です。

## 👉 人生の主人公は自分

そして、5,000フォロワーを超えたあたりから、投稿する写真の中で着用する洋服が送られて来ることが多くなり、開始して7ヶ月目。6,000フォロワーの時点で、正社員の平均月収以上の収入を実現しました。

ここまで読まれた方から、「そんなおいしい話があるわけない」という声が聞こえてくるような気がしたので、あえて言いますが、粘り強く頑張った人だけが見える世界です。そして、この世界に入るために必要なことは、“地道な継続力”と“どれだけ目の前の人を楽しませることができるか”だけです。

そして、今お読みいただいているあなたは、ラッキーなことに、本書の内容通りに実践するだけで、この世界に入ることができます。それどころか、今はフォロワー数を伸ばす上で有利なサービスがたくさんあり、3,000フォロワーを達成すれば、投稿用に身につけるアイテムを無料で手に入れることができるのです。

それには、見惚れるようなかわいさは必要ありません。なにせ、私が身をもって体験できたのですから！

あなたも今日から自信を持って発信者を目指し、楽しさで溢れた人生を送ってほしいと思います。本書で学べる発信方法や考え方は、今後何をする上でも役立つはずです。

さぁ、さっそく「人生の主人公は自分」と定義して、新しい未来を切り開きましょう‼

CHAPTER

# 1

## 発信が仕事になる仕組み

The New Method for Instagram

# 01

## 発信が仕事になるとは

"発信が仕事になる"と考えると、「インスタグラムから直接お金がもらえるの？」とか、「YouTube みたいに閲覧数に対してお金が発生するのかな？」とか、「怪しい副業系!?」などと、いろいろな想像が出てくるのではないかと思います。

ですが、どれも違います。実は、フォロワー数が増えると、インスタグラマーと企業をつなぐキャスティング会社やマーケティング会社（以下、代理店）から PR 案件などの依頼が来るようになり、憧れていた企業のお仕事に"一個人として"関われるチャンスが出てくるのです！

さらに、多くのフォロワーを抱えるようになると、代理店を通さずに、ダイレクトに企業から案件がもらえるようになります。つまり、「○○会社の○○さん」という肩書きなどは一切関係なく、あなた自身に、個人として、直接お仕事の依頼が来るのです。この仕組みがあることから、副業として休日やスキマ時間に仕事をすることができるようになります。

### ☞ 今、発信をはじめる理由

インスタグラムでフォロワー数を増やす最大のメリットは「報酬単価が高い」ことです。

例えば、月収20万円のお仕事を考えてみましょう。月20日出勤で1日8時間労働だとすると、時給に換算すれば1,250円になります。一般的なアルバイトの時給くらいかと思いますが、インスタグラムでフォロ

## インスタグラムで仕事を受けるまで

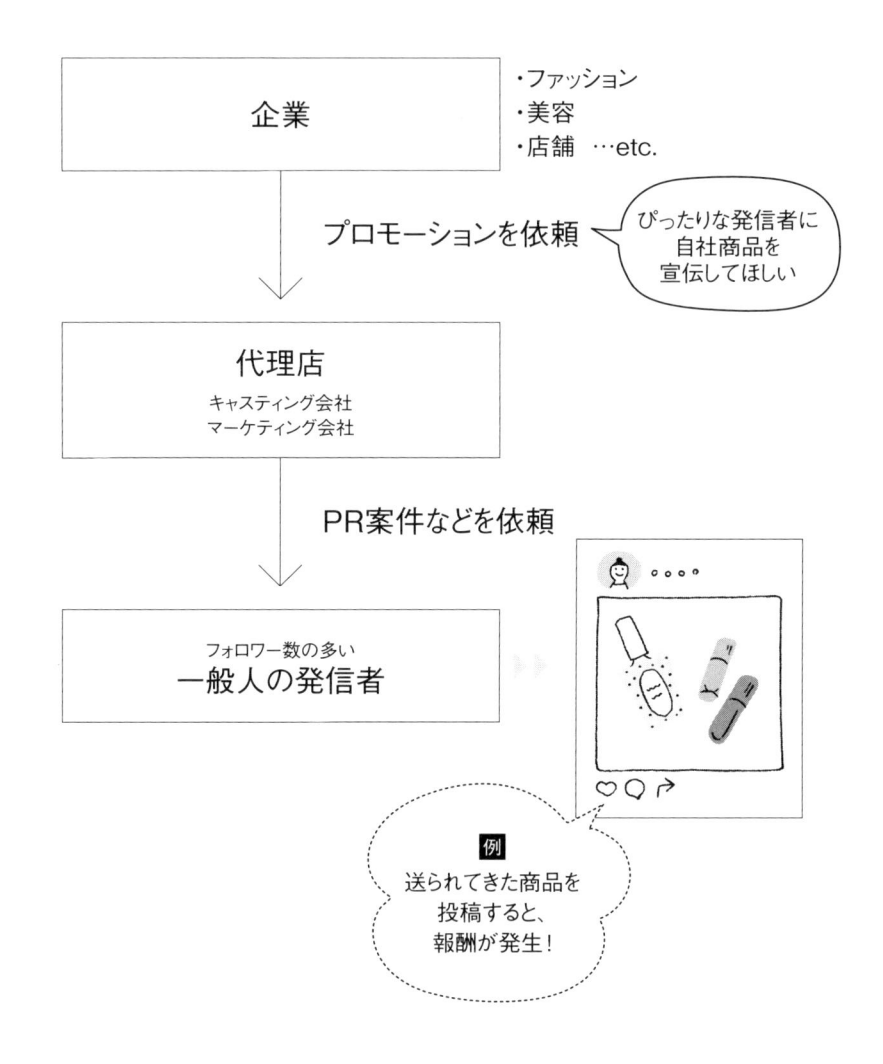

ワー数を増やしておくと、最安値の場合でも1投稿あたりの単価は1フォロワー×約1円（2023年5月時点の平均単価）の価値がつきます（ネットを見ると、2〜4円とうたわれている場合が多いですが、代理店を挟むと1円程度が相場です）。

　仮に、自分のアカウントに1,000フォロワーいたとすると、1投稿に約1,000円の価値がつくわけです。実際には、1,000フォロワーで案件が来ることは厳しいので、コツコツ積み上げていき、5,000フォロワー前後になってくると、お仕事がまわってくる確率は一気に上がります。

　PRする商品が現物支給される代わりに報酬は0円という案件もよくありますが、その商品自体がフォロワー数×1円程度、あるいはそれ以上の金額で販売されている商品である場合も多いので、もらえるだけで得をします。

　つまり、5,000フォロワーの時にPR案件を受けると、1投稿あたり約5,000円の案件となるため、写真を1枚撮ってスマホで投稿するだけで前述の時給で換算すると、4時間働いたことになります。
「そんな魔法のようなお仕事、あるはずがない」と、まだ疑いが晴れない方も多い気がしますが、今、インスタグラムでフォロワー数を増やすと、当たり前に起こっている世界なのです。

　まずは、代表的なPR案件を例としてお話ししましたが、自分のインスタグラムアカウントには投稿をせず、企業のインスタグラムアカウント内で使用する写真を撮影して提供するというお仕事もあります。つまり、カメラマンのお仕事です。クライアントによって金額は様々ですが、1枚あたり1,000円程度から、高い場合は1万円以上に及ぶ案件も実際にあります。

　企業の案件となると、しっかりテーマ設定に基づいた写真を撮影して

納品することになるので、ある程度のクオリティは必要になりますが、プロローグでもお話しした通り、いわゆる"プロ級の写真"でなくても大丈夫です。そもそも企業側がそういった写真を求めていません。企業アカウントでも、ユーザー視点でおしゃれに撮影した写真のほうが広告色もなく、親しみを持たれやすいといった理由から、雰囲気のある写真が撮れる人に依頼が集中しています。

　企業が求めるイメージによって依頼されるジャンルは様々ですが、ひとつの指標として、"フォロワー数が一定以上いるアカウント"という条件が出てきます。フォロワー数の多さによって、依頼するかどうかが検討されるのです。
　また、代理店によって依頼するアカウントの選び方は変わります。つまり、フォロワー数を抱えていれば誰にでも案件が来るというわけではなく、逆を言えば、そこまでフォロワー数がいなくてもお仕事を獲得することもできるというわけです。

## 　企業に選ばれる５つの理由

　企業や代理店からお仕事をもらうために重視することは、大きく分けて5つあります。
① 何をテーマに発信しているか
② どういったコンテンツをつくっているか
③ 世界観は統一されているか
④ リーチしているユーザー層（フォロワー）の属性（主に男女比）
⑤ エンゲージメント率（いいね数＋コメント数＋保存数）
　この中でどこに大きな比重を置いているかは各社によって様々ですが、最短で発信から案件獲得を実現するためには、①〜③が重要です。

④・⑤に関しては、深いファン形成が必要となる部分で、投稿期間の長さやフォロワーとの密度の濃さも必要になります。

昔からSNSでファンを抱えながらインスタグラムでも発信をはじめた方は、見るからに濃いファンが多く、比例してコメント数も多いです。これは、何年もブログなどを続けた中で培ってきたファンがインスタグラムにも流れていて、その元々のファンのコメントを見て、新規ファンもコメントをしやすくなるため、どんどんコメントが増えていくというサイクルになるからです。けれども、これは、新たにインスタグラムを使って発信していこうとしている私達にとっては、今、目指すべきところではないと思います。すべてを追うということは、それだけスピードが落ちるからです。

「時間がかかっても、そこを伸ばしたい」という方へのご提案としては、5,000〜1万フォロワー付近の段階からこういったファン形成に着目することをオススメします。④・⑤を伸ばすことで、ダイレクトに結果が得られることとしては、"アフィリエイト（成果報酬型）案件"があります。

これは、ストーリーズ（通常の投稿とは別の枠でシェアできる24時間で消える画像や短い動画）に外部リンクを貼り、商品を購入してもらえた成果に対して報酬がもらえる仕組みです。フォロワーさんとの深い信頼関係がなければ難易度の高い案件になるかと思います。また、自分の商品を売りたい時などにもファンかどうかが売上を左右します。

インフルエンサーを目指す方にとっては、こういった強い影響力も必要な部分だと思いますので、後々「濃いファンを増やしていく」ということも視野に入れながら、まずは、本書の一番の目的であるインスタグラムを0からはじめてお仕事につなげることをあなたに最短で達成してもらうべく、そのために重要な①〜③に焦点を当てて、お話ししていき

たいと思います。

##  私が幅広いお仕事をいただけた理由

　私はフォロワー数が飛び抜けて多いわけではないのですが、①〜③について特に時間を使ってきたので、同じくらいのフォロワー数を抱えるアカウントを持つ方々の中では、明らかに幅広い仕事がいただけていると思っています。

　ここで、私のインスタグラム（@may_ugram）を見ていただきたいのですが、もしかしたら私のアカウントを見て、「写真が映えていないとフォロワーが増えないのでは……」というイメージを持たれる方も多くいらっしゃったかもしれません。そこで、初めに申し上げておきますが、決して「あなたもおしゃれな場所にたくさん足を運んでください」なんて言い出しませんので、安心してください。

　本書の内容に沿ってあなたならではのテーマをつくり上げ継続することができれば、しっかりとフォロワー数につながり、お仕事依頼も発生します。

　また、インスタグラムを開始して1周年のタイミングに起業しました。ちなみにこれまで起業を考えたことは一度もありませんでしたし、法人化の決め手はこのメソッドがたくさんの形で社会の役に立つと考えたからです。

　これからインスタグラムをはじめる方も、すでにはじめて努力している方も、楽しみながらお仕事になる世界へお連れします！

# 02

## 自分を動かす " 原動力 " を見つける

「やる気は出てきたけど、新しいことが続かないのです」

こういう方はとても多いと思います。突然ですが、今、自由な時間とお金を手に入れたら何をしてみたいですか？

仮に、月20万円の余分なお金と時間ができたとしましょう。「すぐ貯金します」と即答される堅実な方もいらっしゃると思いますが、ここではせっかくですから貯金以外の使い道をあなたと一緒に考えてみたいと思います。

今まで買ってみたいと思っていたけれど、なかなか手が出せなかったハイブランドのバッグを買うもよし。海外旅行にサクッと行くもよし。このように、いつもは買えないものや、これまでやってみたかったことにお金や時間を使ってみるのは、いかがでしょうか？　また、親孝行や今までお世話になった方へ何かプレゼントをする、ということも素敵な使い道だと思います。

ほかにも、一気に使わず少しずつ使うパターンを考えてみると、いつもは行かないようなおしゃれな美容院にトリートメントだけをしに行くとか、予約の取れない高級レストランに行くというのも、なんだかセレブっぽくてかっこいいですよね。

このように、まずは、自由な時間とお金ができた時にやってみたいことをひとつでも多くイメージしてみてください。

とはいえ、ここまではよくある考え方ですよね。「とにかくプラスの要素をイメージする」ということは、確かにとても大事なことです。私

## 原動力を見つけよう

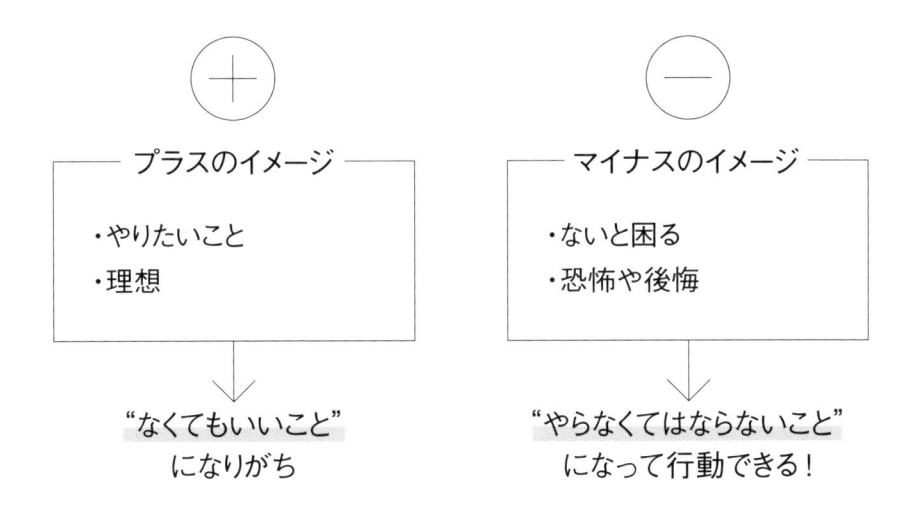

も割と未来志向で動けるタイプなのですが、場合によっては腰が重くなることもあります。

　そういった時、想像してみてもらいたいことは、それができなかった時のことを考えてみるというパターンです。

### 👉 「なくてはならないもの」にする

　自由なお金がないから、ハイブランドのバッグは一生買えない。時間がないから海外旅行にもサクッと行けない。自分のことで精いっぱいだから、親孝行や感謝のプレゼントも買うことができない……。

　この中で、これからの人生でどれができなかったら一番嫌ですか？

誰でもそうだと思いますが、ポジティブなイメージだけに終わらせてしまうと、"なくてもいい"ものになりがちですから、よほど意思の強い人でない限り、強くひとつのことを続ける理由にはならないと思います。

　一方、その裏側にある、ネガティブな例を考えた時はどうでしょう。人それぞれ、前述した例の中で心に引っかかったものは違うと思います。

　ひとつも引っかからなかった方は、これが一生できないのは嫌とか、続けなかったことによって生まれる後悔を考えてみてください。

　一番わかりやすい例として、ほぼ100％成功すると言われる「花嫁ダイエット」を私のケースでお話しします。年中ダイエッターな私ですが、結婚式に向けてのこの時ばかりは、人生で初めてダイエットに見事成功しました。なぜ成功したのか、今振り返って思うことは、「お気に入りのウエディングドレスが似合う体型になりたい」ということではありませんでした。

　それよりも、「いつ誰に、どんなアングルから撮影されるかわからない上に、盛れていない写真をSNSにアップされるかもしれないという恐怖」が私の中で圧倒的に強かったからです。

　つまり、「やせなかったことで生まれる後悔」が私の中のダイエットスイッチを思いっきり押してくれたというわけです。それを想像したら、大好きなお菓子を一切絶つことができ、式まで残り3ヶ月のところから一気に5キロ以上もやせることができました。

　もし、「ただきれいになりたい」という想いだけだったら、私はやせられなかったと思います。つまり、「理想」を描くことでは現状維持を選んでしまう方は、あえて「恐怖や後悔」を想像して「期限」を決めることが必要だと思います。

誰もがずっと全力で走り続けることは無理だと思います。ですから、思い立った日をスタート日としてリミットを決めましょう。

　プロローグでお話ししたように、インスタグラマー特集をテレビで観た私は、「自分もこんなふうに楽しみながら稼いでみたい！」と理想を描く一方、「毎日淡々と過ぎ去ってしまうこの日常を変えるには、インスタグラムをはじめるしかない」という動機のもと、インスタグラムの世界に入り込みました。この動機の裏を考えると、「インスタグラムをはじめなければ、淡々と過ぎ去る日常から逃れられないかもしれない」という恐怖があり、これこそが誰に何を言われようと、黙々とインスタグラムを続けられた理由だったのです。その上で「１年間やり切る！」という期日をすぐに決めて動いたことが、結果につながった大きな要因でした。

　お金・時間・自分の気持ち……。あなたを突き動かす"原動力"はなんですか？

# 03
## 期間中に
## 1万フォロワーを目指す

「1年後に1万フォロワーを目指すことに決めました！　でも、目標数値が大きすぎて、何からはじめたらいいのか、具体的なイメージがわきません」。そんな方のために、私がどうやって10ヶ月で1万フォロワーを達成できたのか、まず大枠をお伝えしたいと思います。実行したことは次の7つです。

① 1日何フォロワーを増やせば到達するのか、具体的な数値を知る
② 何を投稿するのか、テーマを決める
③ 写真を撮りだめる日を設ける
④ 1日1回以上投稿する
⑤ プロフィールページの統一感を守る
⑥ ハッシュタグを研究する
⑦ フォロワーとのコミュニケーションやアカウント同士のコラボレーションを実施する（ストーリーズ、ライブ配信、リール）

　それぞれの方法を本書では解説していきますが、まずこの7つを読み、何か感じたことはありましたか？
　インスタグラムでフォロワー数を増やすためには、たくさん写真を投稿することだけが重視されがちですが、それだけだとフォロワー数はいつまで経っても増えません。
　投稿数に加えて、「プロフィールページ全体の統一感」や、あまり認知されていない「いかに自分で拡散経路を仕掛けるか」という点などが大

# 1万フォロワーまでのロードマップ
私（may_ugram）の場合

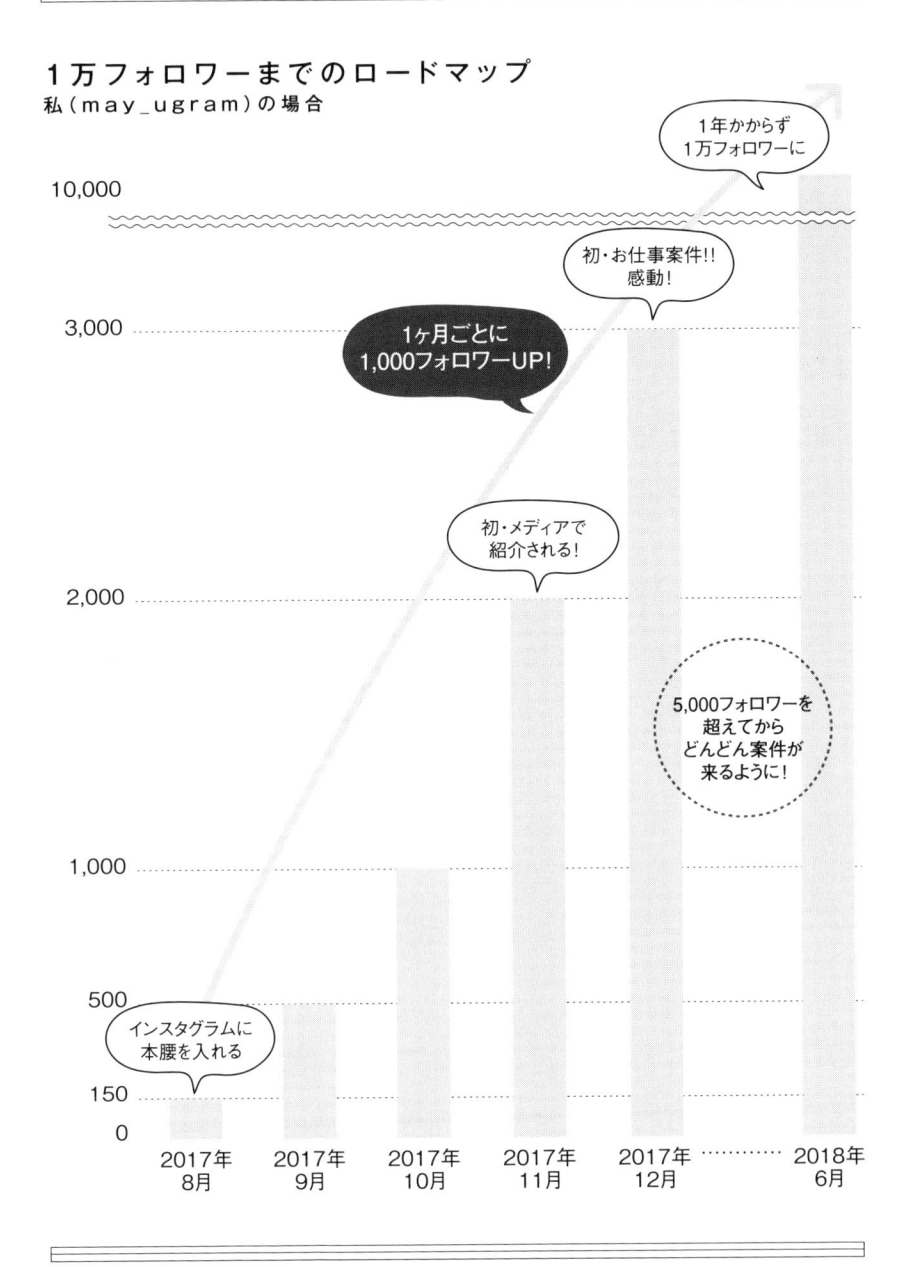

切になってきます。

　テーマ設定が明確で、毎日投稿をしているにもかかわらず、なぜかフォロワー数が少ない方を見かけますが、⑥⑦ができていないからだと予測できます。同じように、①〜⑤までは完璧なのに、フォロワー数が伸びないという方は、7章で紹介している方法を実践していただけたらと思います。

　自分の投稿で足りていないところに気がついたら、その箇所は特にしっかりお読みいただき、結果に結びつけてほしいと思います。まずは本項で、①「1日何フォロワーを増やせば到達するのか、具体的な数値を知る」という点について解説していきます。

## ☞ 目標の期間を決めよう

　前ページのグラフを見ていただくと、私はインスタグラムを本気でスタートした2017年8月時点で150フォロワーしかいませんでした。9月で500フォロワー、10月以降から1000フォロワーずつ増えていきました。もちろん、"フォロワーを買う"なんてこともしていないですし、月額制の"いいねツール"も契約せず、すべて「自力」で行なってきました（世の中には、フォロワーと「いいね！」を増やすための自動ツールが売っているのです）。

　このように計画的に数字を伸ばすことができた一番の理由は、「期間を刻んで考えること」をしていたからです。1年間で1万フォロワーと決めたなら、毎月833フォロワーずつ増やしていかないとたどり着きません。さらに1週間に刻むと、208フォロワー。1日にすると約30フォロワーになります。

　このように、1年→1ヶ月→1週間→1日と期間を刻み、毎日どれく

らいのフォロワー数を増やしていかないといけないのかを具体的に知る
ことが大事です。

　目標だけ大きく見積もっても、毎日どれくらい頑張らないといけない
のか、そのイメージがわかなければ、目標に近づいているのか、目標に
対して今の頑張りは結果に表われているのかの進捗管理もできません。
　まずは、"絶対に続ける期間"と"その期間で達成させたいフォロワー
数"を設定し、1日何フォロワー増やせば目標にたどり着くのか、一度
計算してみてください。その後、②〜⑦の具体策に入っていきましょう。

# 04
## 人気アカウントの発信者さんへ インタビュー

　突然ですが、朗報です！　日々ためになるコンテンツを発信し、たくさんのファンを抱えるアカウントを運用する発信者さんへの独占インタビューが実現いたしました。

　様々な分野で注目されているアカウントの中から、「1万〜10万のフォロワー数で、発信内容もとても参考になる」という視点で、私自身が「絶対に取材させていただきたい」と感じた4名の方にお願いをしました。それぞれのインスタグラムサクセスストーリーをお届けいたします。

「これからインスタグラムを使って未来を切り開きたい！」と感じ、本書を手に取ってくださったあなたに向けて、先輩が語る言葉は勉強になると思います。共感できる方がいましたら、ぜひアカウントをチェックし、ロールモデルにされてはいかがでしょうか？

## 坂本リエ さん

【パン好きフリーランスライター】　@rIIechan

## Q1. インスタグラムをやっていてよかったと思う時はありますか？

──性別や年齢問わず、様々な分野の方とつながれたこと。自分の知らない世界のプロフェッショナルと関わることで視野が広がり、経験値が上がりました。知らないことを知るのは楽しいですね。また、仕事の幅が広が

りました。私は元カフェ店員だったのですが、SNS をはじめてからフリーランスライターに転職し、テレビのお話やパン屋さんとコラボ商品を開発したり、今までやったことがないことに挑戦できています。

## Q2. 投稿テーマはどのように決めましたか？

——自分が好きかどうかです。毎日投稿を続けたいと思い、無理なくできる分野は何かと考えた時に、食べることが好きだったので、その中でも毎日食べているパンに絞りました。毎日食べているので投稿のストックがたまり、困ることがないです（たまってしまってどれを先に投稿しようか悩むことはあります！笑）。

## Q3. 「いいね！」やフォロワーが増える投稿の秘訣は　　ありますか？

——パンの場合は、新商品や断面がよく見えている写真、流行しているパンを投稿すると増えます。さらに、よく見えるドアップの写真が人気です。なので、写真の撮り方を気にしています。

　そして、なるべく複数枚投稿にしています。1枚目は画像、2枚目は動画にし、見に来てくれた方の滞在時間を長くしています。

　また、キャプションは友達に話す感覚で、あえて話し言葉で書いています。そのほうが読んでいて堅苦しく感じず、スーッと入ってくるからです。

## Q4. よく来る案件は？　　また、一番うれしかった案件は何ですか？

——パンやスイーツの案件はよく来ます。自分の好きなパン屋さんのパンが食べられるのはやっぱりうれしいですね。パンのイベントに呼ばれるこ

# 坂本リエ
@r11echan

【PANTES】こしあんがみっちりと詰まった
あんぱん。ここまで詰まってるものがない
のかリーチ数が増え、フォロワー数が一気
に伸びました。

【Le Lieu Unique】カラフルな色合いとと
ろーりと垂れたクリーム。クロワッサン
の美しい断面が相まって写真映えします。

【PIECE OF BAKE】話題の生ドーナツ。
クリームが少し見えているところがかわ
いく、カフェ好きが行く話題のスポット
ということもあり注目を浴びました。

トレーニング風景。ボディメイクしなが
らパンを食べていることを発信していて、
一見矛盾していますが、食べても体重維持
ができることに共感をいただいています！

ともあります。その時は自分の知名度が上がりました。

　パン生活をしながらボディメイクをしているのですが、健康食品やジムウェア、トレーニングイベントの案件が来たときはうれしかったですね。

## Q5. インスタグラムにかける時間はどのくらいですか？

——私は文字入れ投稿の場合は30分前後。入れる内容を固定しているのでさほど時間はかかりません。フランクに見えるように手書きにしています。1枚目に文字が入っているとわかりやすいのでそうしています。

　フォロワーさんが名づけてくれた「もぐりえ」というパンやスイーツを私がもぐもぐするリールがあるのですが、それは1時間くらいかけてつくり投稿しています。

## Q6. 何フォロワーくらいから、案件が来ましたか？

——5,000人あたりから来はじめ、1万人を超えたあたりで一気に増えました。

## Q7. これからインスタグラムを頑張る方へ応援メッセージを！

——インスタグラムは自分の世界が広がります。行動した人にしかわからないと思うので、ぜひ本気でやってみてほしいです！　やればわかります‼

## Q8. あなたにとって、ずばりインスタグラムとは何ですか？

——私の生活の一部です。インスタグラムを見れば私という人間がわかります。ポートフォリオみたいなものだと思っています。好きなものが詰まっていて自分自身も癒されますし、人との関わりができ、仕事も広がり、自己肯定感を上げてくれて、なくてはならないものです。これからもインスタグラムは続けていきたいです。

## りょうた。長野カフェ＆喫茶 さん

【カフェ系インスタグラマー】　@ryota1017r

### Q1. インスタグラムをやっていてよかったと思う時はありますか？

——あります！　元々情報を発信することが好きで、共感してもらうことに心地よさを覚えていたため、日増しにフォロワーさんが増えたことでそれを実感することができました。僕の場合は"♯長野で過ごす休日"というオリジナルタグをつけ、長野県を中心にカフェや喫茶店、宿泊施設などのお出かけスポットを紹介しているのですが、PRのご依頼を数多くいただくことができていることもうれしく思っています。

### Q2. 投稿テーマはどのように決めましたか？

——大前提で"自分が好きなこと"の中からピックアップし、テーマを絞りました。学生時代から、カフェでいただくコーヒーやスイーツ、お店の空間や世界観などが大好きで、休日の息抜きにもなり、さらに投稿素材もたまっていくということで無理なく進めることができています。

# りょうた。長野カフェ＆喫茶
@ryota1017r

「まとめ投稿」の内容ページです。デザインを作成しながら思い出に浸ることができ、楽しみながら行なっています♪

投稿の 2 枚目もデザインをほかと統一し、読者さんが続きを見たくなるような書き方を日々試行錯誤しています。

投稿画像の中に文字入れをしています。「メニュー名」や「価格」などの最低限の情報のみを入れ、見やすくしています。

"撮影テクニック" は様々ありますが、例えば "自分の身体の一部" を写真に入れることで、"親しみを持てる動きのある写真" になります。

### Q3. 「いいね！」やフォロワーが増える投稿の秘訣は ありますか？

——僕の投稿では、"保存数" を最も大切にしています。ほかのユーザーさんが "保存したくなる投稿" イコール "後で見返してくれる投稿" つまり、"質の高い投稿" という認識です。

　そのため、雑誌をめくるような感覚で読んでもらえるように、できるだけ多くの情報を盛り込むようにし、その投稿で "情報が完結" するように意識しています。

### Q4. よく来る案件は？ また、一番うれしかった案件は何ですか？

——お店の新規オープンや、新メニューの登場に合わせた PR 投稿のご依頼が最も多いです。最近では、お店のインスタグラムの運用アドバイスや、コラボイベントの企画＆開催、メニュー開発などのプロデュースにも携わっております。一番うれしかった案件は、"宿泊施設の PR 案件" でモニターとして招待されたことです♪

### Q5. インスタグラムにかける時間はどのくらいですか？

——ひとつのフィード投稿の作成に約１〜２時間ほど。あとは分析や競合の調査なども含めて１日２時間前後はアプリを開いています。リール動画をだらだらと眺めていると、もっと時間が経っています（笑）。

### Q6. 何フォロワーくらいから、案件が来ましたか？

——初めて案件をいただいた時のフォロワー数は、約2,500人ほどでした。5,000人〜１万人くらいから一気に案件も増えていきました。

## Q7. これからインスタグラムを頑張る方へ応援メッセージを！

――まずは、絶対に自分の好きなジャンルを発信すること！　コツコツ続ければ必ず伸びるので、諦めずに続けることです！（バズは期待しないこと！）

　あとは、"オリジナリティ"を出すこと。自分じゃなきゃダメな理由をつくることで、ファンがつきます。

## Q8. あなたにとって、ずばりインスタグラムとは何ですか？

――"遊びでもあり仕事でもある趣味"です。また、人生を変えるチャンスが誰でも手に入るツールです！

# ゆう QOL 高めたい社会人2年目 OL さん

【社会人2年目 OL】　　@chanyu_smile

## Q1. インスタグラムをやっていてよかったと思う時はありますか？

――フォロワーさんから「ゆうさんの投稿がきっかけで〇〇をはじめました！」「大学受験合格しました！　ゆうさんの投稿がモチベになっていました！」といった報告の DM をいただくときにやっていてよかったと感じます。

　インスタグラムでの発信をはじめる前から自分の好きなものをまわりに広めたり、誰かに影響を与えることがとても好きだったので、SNS を通じてより広い世界のたくさんの人に自分の考えや情報を伝えられるのがとても楽しくて続けています。

## Q2. 投稿テーマはどのように決めましたか？

——ちょうどニュースで「コロナ禍で突然オンライン授業を余儀なくされた大学生の苦悩」のような内容がよく取り上げられていた頃だったので、自分の経験が誰かの参考になればいいなと思い投稿したのがきっかけです。それ以降は、フォロワーさんからのリクエストや質問に答えたり、自分が数年前に知りたかったことをイメージしたりしながら幅広く投稿するようになりました。

## Q3. 「いいね！」やフォロワーが増える投稿の秘訣はありますか？

——私の投稿が参考になったり、何か行動を起こすきっかけになればうれしいなと思っているので、「保存」をメインの指標として捉えています。どうしたら保存したくなるような投稿になるのかを考えて、内容やデザインを更新し続けています。

## Q4. よく来る案件は？また、一番うれしかった案件は何ですか？

——投稿のジャンルをあまり絞っていないからか、ファッション・美容からお金、就職転職、日用品など……、非常に幅広いご依頼をいただきます。

　案件とは違うかもしれませんが、インスタグラムでの発信がきっかけで書籍を出版することができたり、それがまたきっかけになって高校で授業を持つことになったりと、想像もしていなかったような機会をいただけていて本当に感謝しています。

　最近では私と同じく社会人になったばかりのフォロワーさんが、入社した会社を通してお仕事のご依頼や相談をしてくださることがちらほら増えてきたことがとてもうれしいです！

## ゆう QOL高めたい社会人2年目OL

@chanyu_smile

全身脱毛や歯列矯正、深爪矯正などのリアルな体験レポ投稿はたくさんの人に見ていただけました。

その時の自分にしか発信できないことがあると思うので、できるだけリアルタイムに自分を等身大で投稿しています。

毎月恒例でその月の支出を全公開。お金の使い方や1ヶ月の過ごし方を振り返るきっかけになっています。

読書記録もインスタでアウトプット。おすすめ本の紹介は発信をはじめた当初から人気コンテンツです。

## Q5. インスタグラムにかける時間はどのくらいですか？

——投稿作成にかかる時間は、撮影から画像の編集、文字入れ、投稿まで トータルで約1時間から1時間半くらいです。投稿のつくりだめはまった くしていないので、投稿をつくったら、それをそのまま当日に投稿してい ます。

　学生の時は空きコマなどを使って投稿をつくったりしていましたが、 社会人になってからは退勤して夕飯を食べ終わった20時頃から投稿を つくりはじめて21時頃に投稿することが多いです。

　投稿の企画・ネタ自体は24時間ずっと考えています。


## Q6. 何フォロワーくらいから、案件が来ましたか？

——5,000フォロワーくらいから案件が来るようになりました。私がイン スタグラムの発信をはじめた頃はフォロワーが1万人以上いないとストー リーズにリンクが貼れなかったので、フォロワー1万人を超えた頃からグ ンとご依頼が増えた印象があります。


## Q7. これからインスタグラムを頑張る方へ応援メッセージを！

——「自分はなんのためにインスタグラムを頑張るのか」を忘れないこと と、画面の向こう側にいるフォロワーのことをまっすぐに考えることが大 切かなと思います。お互い楽しみながら頑張りましょう！


## Q8. あなたにとって、ずばりインスタグラムとは何ですか？

——新しいことにチャレンジするきっかけを与えてくれる存在です。

　インスタグラムで発信をはじめてからは、私生活で大変なことや悩むことがあっても「この経験もいつかインスタで発信して誰かのためになればいいな」と思えるようになりました。

## じゅんじゅん｜本のソムリエ 1日1分学びの習慣化 さん

【読書系インフルエンサー】　　@junjun.book

### Q1. インスタグラムをやっていてよかったと思う時は ありますか？

——インスタグラムをやってよかった点ですが、ただの一般人の僕の人生の可能性が広がったことです。SNSを発信していなければ出会えなかった人とご縁をいただくこともできました。

　SNSの発信をはじめたのは20代後半。今、30代に入りましたが今が人生で一番楽しいです。SNSの発信活動はずっとし続けていきたいと思っています。

### Q2. 投稿テーマはどのように決めましたか？

　——投稿のテーマは最初から「本」というテーマしか思いつかなかったです。当時でも本を1000冊以上は読んでいたので、ネタには困らないなと当初から感じていました。

　テーマを選ぶ時、まずは自分の好きなことで発信活動をはじめるのが一番いいと思っています。「好きこそものの上手なれ」。好きなことだとうまくなりたいと思うし、楽しく続けることができると思っているからです。

## じゅんじゅん｜本のソムリエ　1日1分読書習慣

@junjun.book

「感動」というワードで安定したリーチ数を伸ばすことができました。でも「感動」という言葉ばかりだと飽きてくると思い、「感動」の言い換えを調べて出てきた「涙腺」を投稿のワードで入れたら大ヒットしました。

本が好きな人は何かしら自分の人生をよりよくしたい人が多いと感じました。僕が本を読みはじめた時もそうだったので、そんな時に思いついたのが「人生」というワードを入れた投稿でした。

当時2,000冊以上の本を読んできた僕が絶対におすすめする本なら、フォロワーさんも読んでみたいと思うかもしれないと「絶対」というワードを入れたらヒットしました。

この投稿は、過去に読書をしてこなかった僕が「やる気」「自己肯定感」というワードの本があったら買ってみたかっただろうと選びました。

## Q3.「いいね！」やフォロワーが増える投稿の秘訣は ありますか？

——投稿のテーマの「一貫性」。これが一番重要だと感じています。僕も そうですが、見ている人はただの一般人の「趣味」には興味を持つことが 難しいと思います。

　テーマはなんでも大丈夫です。料理、ダイエット、名言、暮らし、本、 なんでもいいんです。ただ発信するテーマの一貫性は意識して投稿を積 み重ねていってください。

## Q4. よく来る案件は？ また、一番うれしかった案件は何ですか？

——よく来る案件は本の紹介。あとは学び系の発信なので自己成長をテー マにした案件はよく来るイメージです。一番うれしかった案件は自分の好 きな本を紹介する案件です。

## Q5. インスタグラムにかける時間はどのくらいですか？

——1日に2～3時間かけています。

## Q6. 何フォロワーくらいから、案件が来ましたか？

——2万～3万フォロワーから案件が少しずつ来るようになりました。

## Q7. これからインスタグラムを頑張る方へ応援メッセージを！

——インスタグラムを難しく考えずに、"自分の好き"を発信してみてく ださい。別にへたくそでも大丈夫です。僕も最初は趣味程度の気持ちでは

じめました。趣味の期間は 1 年半ほど。でも今振り返ると、「趣味でもはじめてみよう」と思って行動をした自分を褒めてあげたいです。

　最初は、インスタグラムをはじめたらどうなるのか想像がしづらいと思います。でも、"楽しそう""やってみよう"と思った自分の気持ちを大切にしてはじめてみてほしいです。

## Q8. あなたにとって、ずばりインスタグラムとは何ですか？

——自分の好きを発信して可能性が広がるかもしれないツール。お金はかからず、唯一かかるのは自分の時間のみ。自分の可能性を信じて挑戦してみてほしいです。

CHAPTER

# 2

今からでも
インスタグラム発信が
間に合う理由

The New Method for Instagram

# 01

## 誰でも発信者になれる時代に！

「インスタグラムといえば、『写真がうまい・おしゃれ・かわいい』という3拍子が揃っていないと、投稿することなんてできないし、実際に自分の投稿した写真を見て、誰がフォローしてくれるのだろう……」。このように思う方は少なくないと思います。確かに、私自身も以前は、インスタグラムでは「キラキラした世界」しか投稿してはいけないし、「カリスマ」的な人でないと発信しても無駄だと思っていました。

しかし、2016年にストーリーズの機能が追加されたことによって、日常のテーマから様々なコンテンツが出てくるようになりました。ストーリーズとは、プロフィールページに並ぶ投稿とは違い、タイムライン（インスタグラムを開いた時に出てくる画面）の一番上に表示され、スライドショーのように流れる画像や動画のことです。

わかりやすい例が「料理」や「旅行」のジャンルです。特に、料理のジャンルでは、「# お弁当」のテーマが大ヒットし、主婦の段取りのよさと、詰めるだけなのに見栄えも豪華な「# つくりおき」がインスタグラムからブームになりました。こうした日常のルーティーンをインスタグラムで発信し続けた主婦達は、たくさんのフォロワーに支持され、書籍の出版やテレビで活躍する方も登場しはじめました。

また、「# ファッション」のジャンルでも同様の現象が起こりました。ハイブランドのバッグや洋服が並んだ投稿よりも、ユニクロやしまむらなどの誰でも買えるプチプラアイテムでの着まわしコーデを紹介し続けたアカウントがヒットを呼んだのです。

つまり、「ひとりのおしゃれなインスタグラマーの日常」でなくとも、「誰でも真似できて、知識となる内容」であれば、フォロワーを獲得しやすい時代にもなったのです！

　その後、「リール」という最長90秒の縦型動画を作成・発見できる機能が追加されたことにより、自身のフォロワーでないアカウントへも発信を届けやすくなりました。つまり、自力で拡散経路を探しながら地道な作業を繰り返していたインスタグラムの基本運用から、リールの登場によって一気に認知を獲得することも可能になったのです。

　これはまさに、私達一般人にとってチャンスの時代の到来です！　自分の知識や届けたい情報をまとめたアカウントをつくって、継続的に投稿さえすれば、誰でも発信者になれる時代と言えるのですから。今やらないでいつやるの⁉　という話です。

# 02

## インスタグラムを推す理由

　SNSにはほかにもいろいろあるのに、わざわざインスタグラムで発信する理由はなんでしょうか。

　私がインスタグラムを推す理由は2つあります。ひとつは、発信者としてのお仕事の案件がいまだに山ほどあること。これは大きなメリットではないでしょうか？

　実際に、丸1年インスタグラムに労力と時間を捧げて、「インスタグラマーとしてのお仕事が本当にあるのか」「副業として成り立つのか」ということを、身をもって検証した私だからこそ、断言できることです。

　フォロワー数が増えるにつれ、案件の依頼が途絶えなくなりました。それも、主婦のパートの時給では考えられないような報酬が、写真を1枚投稿することや、納品することで得られます。また、案件の幅も広く、代理店に自ら登録することもできるので、自分から仕事を取りに行くこともできます。

　2つ目は、日常のスキマ時間にできて、パソコンが不要なことです。パソコンを開くだけで「お仕事感」がして、やる気がなくなる人はいませんか？　かくいう私もパソコンは極力使いたくないタイプです。機械音痴なので、写真を撮って、加工して、投稿するまでをすべてスマホだけでできるという点で、日常のスキマ時間でもストレスなく続けられたことが、あなたにもオススメしたいと思った理由です。

# 03

# YouTube との大きな違い

「どうせ自分発信をはじめるなら、YouTube のほうがいい気がする」と思われる方もいらっしゃるでしょう。

"YouTuber" っていいですよね。正直言うと、私もなりたいです！とはいえ、ここで少し考えてみてください。実際にはじめるとなると、ハードルが高すぎませんか？　動画編集が得意とか、いいカメラを持っているとか、自分のトーク力や笑いのセンスに自信がある！　という方は、今すぐに YouTube をはじめたほうがいいと思います。ですが、SNS で発信したことのない一般人が、いきなりすべてを揃えてたった1年で稼げるようになる……とは、残念ながら思えません。

また収益化するためには、「直近12ヶ月の再生回数が4,000時間以上で、かつ、チャンネル登録者数は1,000人以上」ということで、上位の約15%の人しか収益を出すことができないようです。SNS 初心者が稼ぐために参入するという余地は、正直に考えて、なさそうです。

また、YouTube とは「何を発信するか」以上に「自分にファンをつけること」が重要になってくるので、自分自身が商品となりやすいです。本書で定義するインスタグラムでの「発信者」とは、自分ではなく情報にファンをつけることなので、敷居の高さだけでなく、戦い方で使う武器も変わります。発信からタレントとしての活動を目指している方は YouTube もオススメです。

CHAPTER

# 3

## フォロワー数は「give」の値

The New Method for Instagram

# 01

## 芸能人の真似をしてもダメ

「インスタグラムは、自分の食べたものや購入したものなど、日常生活のワンシーンをおしゃれに切り取って、自分の好きを詰め込んで発信するのですよね？」と、考えている人が多いのではないかと思います。

　ここでは、あえてはっきりと言いますが、それは芸能人や有名人などの"すでに知名度がある方"か、一般人の中でも"トップクラス級にかわいい方"だけです！

　ここを勘違いして同じようなライフスタイル投稿をはじめてしまうと、友人や知人にしかフォローしてもらえないアカウントから脱出することができません。

### ☞ 芸能人の裏側は価値がある

　では、どうして普通の一般人はそれでフォロワーが増えないのに、芸能人はライフスタイル投稿が大人気なのでしょうか？　最大の理由は、「普段見られない裏側がのぞけるから」です。芸能人や有名人のお仕事の基本は、用意された台本に沿って発言し、スタイリストが選んだ衣装を着て、メイクさんにヘアメイクをしてもらった状態でテレビ越しに現われるわけですから、プライベートの内容は、「お宅訪問」みたいな企画でもない限り、なかなか見られる機会がありません。ですから、実際にどういった私生活をしていて、どういうものが好きなのかなど、パーソナルな部分は、番組内ではわからないのです。

　そんな時、インスタグラムのアカウントを持つ芸能人の投稿を見てみ

ると、ドラマ撮影現場の裏側や完全にプライベートな服装や芸能人同士の交友関係など、普段見られない“素”を知ることができるため、私達は興味深々で芸能人のアカウントをフォローするわけです。

　そんな芸能人も発信内容は様々で、お仕事の宣伝用にアカウントを持つ方から思いっきりプライベートな内容のみを発信する方まで幅広いですが、芸能人カテゴリの中で上位アカウントになればなるほど、メディアには出ていない未公開ショットが多い印象があります。

　また、一般人の中でも“トップクラス級にかわいい方”は知名度がなくてもなぜかフォロワーが増えます。この現象にも理由があります。それは、「その人自体に憧れを抱くから」です。

　やはり、めちゃくちゃかわいい方って存在するだけで注目されるのです。自分が理想としている人が使っているものとか、よく行く場所、生活内容などが気になってフォローしてしまうのです。

　また、このような方々のアカウントはフォローしておくだけで自分の美意識が高まるというのもひとつの理由ですし、「かわいい顔さえ見られたらいい」というファンも多いと思います。また、異性からのファンもつきやすいという点で、あっという間にすごいフォロワー数に……ということはよくあります。

　その反面、ファンが多すぎるあまりメッセージを返すのが大変だったり、ファンサービスの部分で大変な苦労をされているインフルエンサーの方も多いのが事実です。

　要するに、芸能人とトップクラス級の美女は、極端な話“なんでもOK”と言えるのです。

　しかし、本書の目的は違います。外見は関係なく、有名でもない一般

人がインスタグラムを使ってお仕事につなげるという趣旨の内容なのですから、そのためにどのような内容で発信をすればいいのかをお話ししていきます。「芸能人の真似をしてもダメ」ということを心に刻むことが、最初に必要なステップです。

# 02

## スマホ越しの相手を想像する

「ライフスタイル投稿がダメなことはよくわかりました。では、私は何を発信したらいいのでしょうか？」

この質問をいただくこともとても多いです。

結論から言うと、「これを投稿しておけば大丈夫」なんていうものはまずありません。

ここだけを聞いたら意地悪に聞こえますが、なぜだかわかりますか？

それは、「一人ひとりの強みがまったく違うから」ということと、「続けられるテーマではじめることが大前提だから」です。

私自身がうまくいったテーマと同様に「カフェ巡りをして投稿してください」とか「行き先に合わせたファッションを投稿してください」などと、お会いしたこともないあなたに、「このテーマで発信しておけば大丈夫です」と胸を張ってオススメできるはずがありません。それこそ、無責任なことです。

ダイエットでたとえるなら、「誰でも１日３食りんごだけを食べていたらやせます」と言っているようなものです。もし、その人が「りんごが嫌い」だった場合、一生ダイエットがはじめられないことになりますし、「遺伝子的に果糖が消化されにくい人」だった場合、余計に太りますよね……。

つまり、合わないテーマではじめても結果は出にくい上に、元々更新していた内容のほうがマシだった、というまさかの結果になるかもしれないのです。

## ☛ 大事なのは"give"の視点

余談はさておき、あなたは、インスタグラムでフォロワーを増やすだけでなく、お仕事につなげるという部分でさらに上のフェーズを目指しているので、「ただ人気なジャンルの投稿をすればいい」というわけではないのですが、お会いしたことのないあなたにも、共通してお伝えできることがあります。

それは「自分は何の情報であれば相手に与え続けることができるだろうか」という"give"の視点からテーマを考えることです。

ここでは、わかりやすく「メイク」の例でご説明したいと思います。あなたは次のどちらのアカウントをフォローしたいですか？

A子：「今日の私、メイクばっちり！　インスタグラム用の写真を撮ろう！」
　　　と、自撮りした写真を投稿。

B子：「この前のメイク、みんなにすごく褒めてもらえたから、メイクプ
　　　ロセスと使用コスメを紹介してみよう！」と、プロセス動画と使用
　　　コスメを投稿。

この2人は共通してメイクをテーマにしていますが、違いがわかりますか？　正解は、「視点の違い」です。

A子さんは、主観的に投稿テーマを決めています。確かに、自分の納得のいくきれいなメイクができた日に写真を撮りたい気持ちはわかりますが、その自撮り写真を載せられても、フォローして継続して見たいと思うでしょうか。なぜ、これがダメなのかしっくりこない人は、もう一度、前項「芸能人の真似をしてもダメ」を読んでみてください。

## どちらのアカウントをフォローしたいと思うか

| A子さん | 「メイクがばっちりできた！」 | B子さん | 「メイクがばっちりできた！」 |

自撮りした写真を投稿

**主観的**

使用した
コスメ

小顔メイクの
方法
（テキストや動画で）

使用したコスメやプロセスを投稿

**客観的**

相手のための投稿

## フォロワー獲得！

それに対してＢ子さんは、客観的に考えて投稿していますよね。たくさん研究してようやく見つけたメイク術を誰かのためにシェアすることや、様々なコスメを購入して何回かは失敗もあったはずですが、その中から本当にいいものを見ている人に教えてくれているのです。ですからフォロワーがついてくるのも納得です。仮に、Ｂ子さんのすっぴんがごく一般的で「化粧後は格別に美人」であった場合、「私もＢ子さんのメイクを真似すればかわいくなれるかも！」と、一般人の共感を勝ち取ることもできます。元々顔の整っている芸能人や読者モデルよりも説得力があるのでファンもつきやすくなるのです。

　このように、自分の時間やお金を使ったものを「どれだけスマホ越しの相手のために発信できたか」が必ず結果に表われます。
　一度、フォロワーがたくさんいる方のアカウントをじっくりと見てみてください。手間暇かけて、相手のために投稿できているアカウントほど、フォロワーは多いです。「とりあえずこのテーマでいいや」というような内容で投稿を続けたところで、どれだけ毎日更新してもフォロワーは増えません。

# 03
## 顔出しする？　しない？問題

「相手のために発信することはわかりました。では、顔出ししないテーマで更新しても問題ないのでしょうか？」

この質問の答えは、「どういったお仕事案件を受けたいのか」によって変わります。

例えば、「将来、自分がインフルエンサーとなって、ファッションブランドを立ち上げたい」という夢があるにもかかわらず、投稿に自分の写真が1枚もなく、すべてカフェメニューの写真だったら……。仮にフォロワー数が1万人を超えていたとしても、思い描いた未来につながることは難しいと思います。なぜなら、発信する情報にファンとなっているため、関連する内容の商品である場合は喜んで支持されやすいですが、あなたの別の夢での商品化はその夢に関連する情報への信頼と共に自身のインフルエンス力も必要となるからです。発信内容とまったく関係のない夢を追いながら数字を伸ばすことは近道のようで、結局のところ遠まわりになってしまいます。夢が決まっている場合は、テーマ選びにも注意が必要です。

少し話がそれましたが、情報のみでお仕事を受けたい場合は顔出ししなくていいですが、自分という存在も活かした夢にも挑戦したいという場合は顔出しをしたほうがいいです。

また、顔出ししたほうが案件の幅が広いということも間違いありません。特に、ファッション、メイク（美容品）の案件は、PR案件の中でも圧倒的に多いジャンルで、まったく自分を出さないというよりも、少

しでも写っていたほうがいいのです。

「顔出し」という単語だけで想像すると、「自撮りのアップ写真」というイメージが強すぎて拒否反応を起こす方も中にはいるかもしれませんが、引いた写真や遠目に写っている写真でもいいのです。

私のアカウントでは、背景の一部程度にしか顔が写っていないことが多いため、正直、誰かと入れ替わっても気づかれないかもしれません。実際に「写真のモデルは別の人ですか？」と言われたこともあります。

ですから、自分が少しだけ写っているだけでも案件の幅を狭めないことができます。「ちょっとくらいなら、写ってもいいかも」と思えた方は、自分の写る率が２〜３割程度でもいいので撮ってみてください。

# 04

## 顔出ししない場合の突破法

　私は顔出しをオススメしますが、「どうしても顔を出したくない」と考える方もいらっしゃると思います。インフルエンサーになりたいわけではない人や、自分以外の何かを投稿して仕事を受けていきたい方は、よりテーマに専門性を持たせる必要があります。

　そして「商品か場所のどちらかは外にあるものを紹介すること」、あるいは「工程から紹介すること」をオススメします。

　例えば、パンづくりを趣味とする方が、毎日自宅で焼いたパンを家の中で撮影し、投稿していたとします。見栄えも抜群でどの角度から写真を撮っても「いいね！」がもらえそうなおしゃれなパンを、素敵な白いお皿に乗せて、ティーカップをセッティングして真上から撮影すれば、絵になると思います。そのパンの種類が毎回違うのであれば、一見、情報として成り立ちそうなので、「人気アカウントになるのでは？」と思われるかもしれません。確かに、ひと昔前のインスタグラムだったら「なんとなくおしゃれ」であるだけで、継続して投稿さえすれば、これでもフォロワーが増えたと思います。

　しかし、現在の傾向はどうでしょう。前々項でお話ししたように、この場合、相手に与える情報が「おしゃれでおいしそう」以外ありません。Ａ子さんの自撮り写真と同じです。要するに、自己満足の世界では、誰もフォローしてくれないのです。

## ☛ 検索幅が広がるテーマをつくる

そこで、このパンを乗せている白いお皿と横に添えるティーカップを知名度の高いものに変えてみるという方法はいかがでしょうか。インスタグラムの世界では、検索されやすい人気ブランドや商品が必ずあります。人気があるのかどうかを測るには、ハッシュタグの件数を見れば注目度がわかります。

今回の自家製パンのように、発信コンテンツそのものに拡散力がない場合は、備品で注目を集めるという方法もオススメです。検索から見つけてもらいやすいため、ハッシュタグからの外部流入が見込めます。また世界観を確立しやすいので、ライフスタイルに憧れを持ってフォローしてもらいやすい傾向があります。

そして、この逆も考えられます。自家製パンを実際に商品化されているもの（パン屋さんの商品）に変えてみましょう。そうすれば、お皿やティーカップに拡散力がなくても1コンテンツとして成り立つのです。お店のインスタグラムアカウントがすでにたくさんのファンを抱えるような人気店であれば、なおさら注目度は高まります。情報の価値としてたくさんの人が知りたそうなものから盛り込んでいくことが、多くの人に認知してもらえる秘訣になります。

最後の例は「工程から紹介する」こと。「パン」も「食器」も商品化されていないものの場合は、パンづくりの工程を紹介することで相手が知って得する情報になります。この場合は「レシピ系タグ」や「動画系」のジャンルにも参入できるので、ニーズも大きくなります。自宅にある食器を使って自家製パンを絶対に自宅から紹介したいという方は、作業

# 顔出しNGの場合

・商品か場所に拡散力があるもの
・工程から紹介すること
} **必勝方法は3パターン**

自宅の食器に
自家製のパンとティーカップ

「おしゃれでおいしそう」
以上に発展しない

**自己満足の世界**

①　自家製パンに人気の
　　お皿とティーカップ

or

②　自宅で人気店のパンを
　　撮影

お皿やティーカップの
ブランドのファンの方に向けた
リーチができる

・世界観を確立しやすく、
　ファンが増えやすい
・ライフスタイルそのものにも
　憧れを持ってもらいやすい

商品としてのパンが紹介できる
「どこのお店？　味はどんなの?」
商品が1点入るだけで

・おいしいパンのお店を知りたい
・パン屋さんやカフェの情報が
　知りたい

**相手が知って得する情報を与えられる**

それでも、外に出かけるのが面倒。家にあるもので代用したい

**顔出し以上のスキルと工夫が必要**

③　自宅の食器で自家製のパンを紹介したい……!

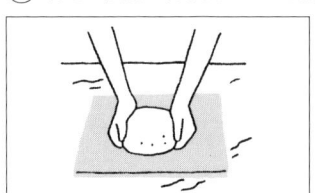

どちらも
ゆずれないなら

**作業工程から見せて、
パン職人としてコンテンツをつくる**

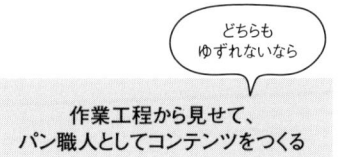

工程から公開しないと成り立たないと思っておいたほうがいいです。

　顔を出さない投稿は、顔出しすることよりも正直大変です。よりコンセプトをしっかりと決めて発信することが必要になるので、顔出ししないことを選ぶ理由が、「外に出かけるのが面倒だし、家にあるもので代用したい」という考えでしたら、ずばり甘いです。前述しましたが、これで成り立つのは、よっぽどな才能のある方か、すでにファンがいるような方だけです。

## ☞　勇気ある一歩を踏み出そう

　繰り返しになりますが、「その投稿を見て、楽しんでもらえるかどうか」、「情報としての必要性が感じられるかどうか」を客観的に見て、顔出しするか否かを考えてください。
「楽を選んで顔を出したくないというよりも、まず恥ずかしい……」、もしくは「自分に自信がないから出せない……」ということでしたら、私も最初はとてつもなく勇気が必要だったことをお伝えしたいです。なにせ、突然、気取ったポーズで撮ったインスタグラマー風の写真を投稿し出したわけですから。まわりにそんな投稿をしている友達ももちろんいませんでしたし、「150フォロワーしかいない人間が、急に何を思ったのだろうか」と、面白ネタにされていたかもしれません。
　でも、私はそういうことは考えないことに決めました。「みんながやっていないことをしている人は、基本的に最初から受け入れられることは少ない」というふうに、考え方を変えたのです。そこからステップが上がれば、応援してくれる人しかいない環境に変わります。多くの成功している発信者のみなさんがそうやって、人のしなかったことを先に頑張ってきたのです。自分を卑下する必要は一切ありません。誰かに笑わ

れることは、単なる思い込みがほとんどで、みんな自分の人生に必死な
のです。

　たかがインスタグラムに顔出ししているからと言って、何も起こりま
せん。続けていたらまわりの人も何も思わなくなります。私は、全力で
あなたの味方をしますから、頑張って顔出しして投稿した1投稿があれ
ば、私をタグ付けしてください！　すぐに「いいね！」とコメントをし
に行きます！

# 05

## インスタグラムでの
## オススメジャンルを発表！

　そもそも、インスタグラムには、どんなジャンルがあるのでしょうか。代表的なものとしては、ファッション、メイク、ヘアアレンジ、お出かけ、ダイエット、料理、イラスト、風景、ペット、インテリア、雑貨、本、コラム画像などがあります。

　その中でも、私のオススメは3つあります。ひとつは、メイクなどの美容系。次にファッション。続いてお出かけ系です。

　美容系を1番にあげた理由としては、PR案件の商材が多いため、お仕事がまわって来やすいからです。特に、コスメや健康食品などの広告案件は、私がインスタグラム漬けだった1年間の中で、最も依頼が多いと感じました。私はコスメ系の投稿をしたことがないにもかかわらず、案件が途絶えない印象です。

　元々メイクや美容に興味がある方は、初めからそのテーマで発信しておけば、PR案件も違和感なく受けることができますし、元々投稿のために購入していた商品が、今後は無料で提供されるようになったらうれしいですよね。

　また、美容系はアフィリエイト案件の依頼も案件が多くあります。代表的な案件は脱毛サロンの初回予約から、美容液などの基礎化粧品、サプリなど。買い切りの商品ではなく定期購入を伴う商品のアフィリエイト案件が多い印象です。

発信者として依頼される案件の多くは、初回流入や購入を促すものが多いので、詳細へのリンククリックのみで成約（報酬発生）の場合もあれば、購入完了までの場合もあり、案件によって様々です。リンククリックの場合は1円単位のものから、購入完了までの場合は1成約5,000円〜1万円のものなどと、購入までの難易度と企業の利益率が上がるものは、報酬単価も上がります。

　ファッションも、商材が多いことは同様です。案件のお仕事をいただけるようになって初めて知りましたが、過去に「デコログ」というブログサービスが流行っていた時に（私はデコログを見て育ちました）、「この通販ブランドは、なんでこんなに人気ブロガーさんから支持されているんだろう」といつも疑問に思っていたことがありました。その仕組みもインスタグラマーとしてお仕事を依頼される側になった時、初めてわかったのです。

　ファッション案件の基本的な流れとして、該当ブランドのECサイトから決められた金額のポイントが付与され、そのポイント内の商品を自分で選んで注文するスタイルが多いです。「トップスはPRアイテムだけど、そのほかは私物」というような形で、着用アイテムすべてがPR商品ではなく、自分の選んだアイテムを私物と混ぜて発信することもできるため、普段の投稿と変わらないスタイルで発信することができます。シンプルで着まわしのきくブランドの参入が多いので、自分の持っている服と合わせやすいことも特徴です。

　ここでは、「案件が多い」という視点でお話ししましたが、その概念をなくしたとしても、メイクやファッションのジャンルは、日々、知りたい内容であり、ハッシュタグ流入も期待しやすいので、このジャンルで自分の強みと掛け合わせたテーマで発信することは、フォロワー数を

集める上でも結果がでやすいと言えます。

　また、これらのジャンルは、顔出ししなくても、コスメのレビューなどを商材だけで行なうことはできますし、ファッションも顔から下のみを写すことや、横向きや下向きで顔をわかりにくくして撮影する方法でも、フォロワー数と投稿テーマに統一感があれば案件は来ます。すでにフォロワー数が多い方のアカウントを参考に、自分でも再現できそうな方法を探してみることをオススメします。

　最後に、お出かけ系のジャンルですが、その中でも「カフェ」は相当に強いテーマです。学生から主婦まで、カフェが大好きな人は多いですよね。特に、インスタグラムはカフェを検索する上で一番参考になるプラットフォームなので（Googleだと、写真に関しては情報の古いものが多いので、参考にならないと思ったことはありませんか？）、行きたいカフェの検索は、最新の情報が見られるインスタグラムで検索する人が多いと考えると、カフェ情報をまめに発信する人には、自然とフォロワー数が集まりやすいということになります。

　その分、発信者も多いのでオリジナリティを出すことは必要になりますが、世代や系統などでターゲットを絞り、その方々が好きそうなカフェを紹介するか、自分のテーマをより差別化するためにカフェを紹介するのか、このあたりの詳しい考え方に関しては、次の項目をご確認ください。

## ☞ 私のインスタグラムがおしゃれな理由

　私は元々カフェ巡りが好きだったわけではなく、「情報量の多さ」と「ファッションの引き立て」のためにカフェをテーマに取り入れました。改めて思うことは、カフェにして正解だったということです。もし、カ

フェ巡りが好きな方がいましたら、カフェをメインにするというよりも、うまくカフェを利用して発信してほしいと思います。

　私が、おしゃれと思っていただけるような写真が撮れている理由は、ずばり「空間が9割」です。写真のセンスと自分自身の見た目にそこまで自信のない方は、カフェのようなすでにできあがった空間へ身を委ねることがオススメです。実際、自分でおしゃれな空間を生み出せる人のほうが少ないでしょう。また、カフェがメインでなくても何かの撮影にカフェと掛け合わせることはすぐに真似できるテクニックだと思いますので、カフェ巡りをすることが苦にならない方は、ぜひ取り入れてみてください。都内のおしゃれなカフェでなくとも、スタバや地元のレストランでも十分に代用できると思います。

　ここであげたオススメのジャンル3選は、あくまで検索に基づいた上でフォロワー数の増加につながりやすいテーマであること、案件の幅が広いという部分を基にご紹介しているので、これ以外にも、「誰かに届けたい！」とあなたが強く思うジャンルと出会えることを願っています。

# 06

# オリジナルコンテンツのつくり方

　さて、ここからどうやって自分だけのオリジナルコンテンツをつくっていくのかを解説します。考え方は2つあります。

　ひとつは、自分の強みから考える方法です。ひとつのメインテーマに対して、自分の強みを活かせるサブテーマを2つ決めることで導き出すことができます。

　もうひとつは、ターゲット層を先に決めてから、メインテーマを2つ導き出し、各メインテーマに対してサブテーマをひとつずつ掛け合わせる方法です。これは、集めたいフォロワーの属性から想定してコンテンツをつくるので、狙ったフォロワーが集めやすくなり、集客にも使えます。この方法は、4章03「フォローしたいと思われるプロフィール文」で例を出すので、そちらを参考にしてください。

## ☞ 自分の"強み"はつくってしまおう！

　それでは、ひとつ目のつくり方を詳しく解説していきます。まずは、私のアカウント（@ may_ugram）を見てください。現在は、アートスポットの発信となっているため、かなりスクロールしてさかのぼっていただきたいのですが、立ち上げ時のメインテーマはファッションで、サブテーマはカフェとトラベルです。一見、ただ"かわいい場所が好きなカラフルな人"のように見えますが、ファッションに、自分の強みを掛け合わせた結果、カラフルになってしまったという流れです。

## テーマ設定の考え方

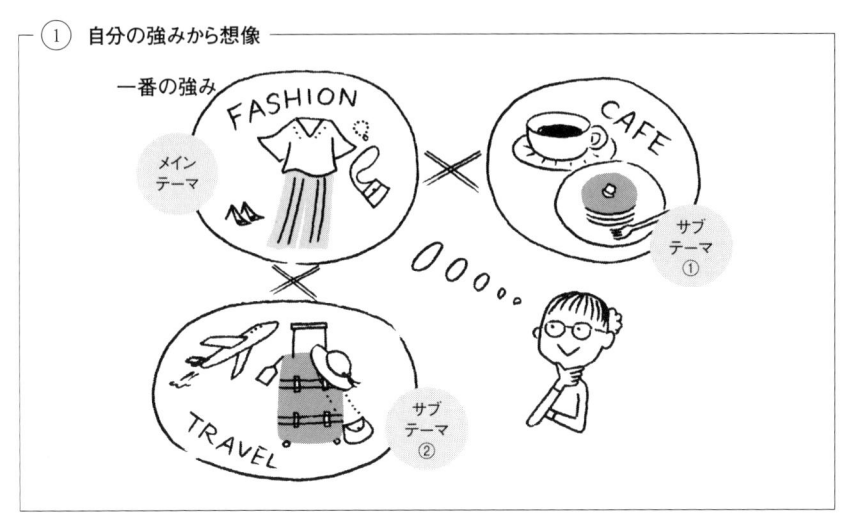

① 自分の強みから想像

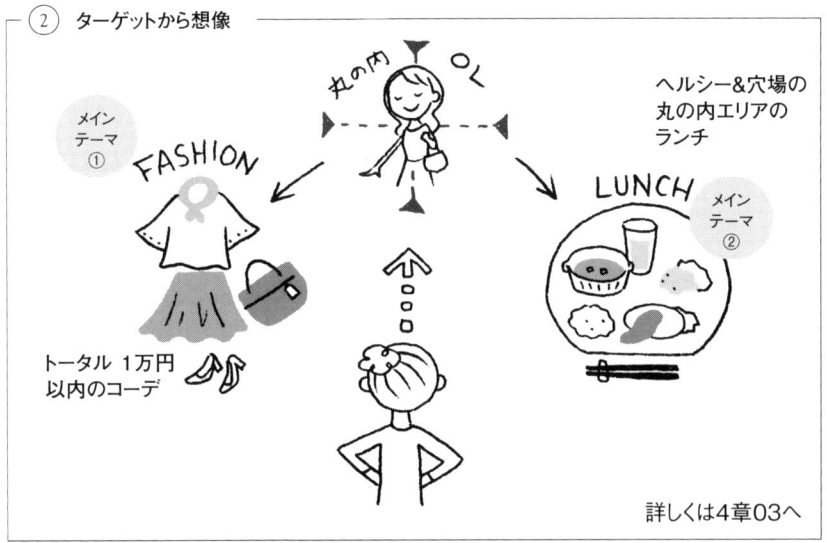

② ターゲットから想像

詳しくは4章03へ

「あなたの強みを教えてください」と聞いても、自分の強みがわからない方のほうが多いと思います。ですが、逆転の発想で考えると、そういう場合は、「自分の強みをつくること」ができます。

　実際に私は「スタイルが悪い」というコンプレックスから、着こなしを全面的に打ち出したコンテンツにせず、背景がある上で成り立つファッションへと視点をずらし、「ファッションとおしゃれな壁」をセットにしました。しかし壁だけだと1投稿に対しての情報量が圧倒的に少ないとわかり、カフェをサブテーマに選んだのです。

　カフェにも、ドライフラワーと木のぬくもりが感じられるようなナチュラルテイストのカフェ、パステルカラーで白のレースがピッタリ合うようなラブリー系のカフェ、コンクリート系の空間でシンプルモダンなカフェなど、様々なお店がある中で、「スタイルが悪い」ということを前提に考えると、背景が際立つカフェがいいという結論になりました。さらに、自分も楽しみながら巡れる場所を想像し、カラフルな見た目の海外風のカフェをメインにしようということに至ったのです。

　それから、「背景がある上で成り立つファッション」にふさわしい洋服を場所に合わせて買い揃えていきました。元々持っていた洋服をメインにカフェを探すこともしていますが、基本は投稿用に揃えています。

　このようなお話をすると、「そんなにお金をかけられない……」と思われるかもしれませんが、高いものでなくていいのです。もし私が、着こなしをメインに発信していたら、おそらくブランドにこだわった発信を意識していたと思うので、正直もっとお金がかかっていたと思います。

　ですが、自分の弱みを強みに変えて、「背景がある上で成り立つファッション」をテーマにしたことから、そこで着用する服は、色や柄が合ってさえいればいいので、素材感やデザイン性を求めず、その写真が「1

枚のアートになるかどうか」で投稿用のファッションを選んできました。

　フォロワーを増やそうと思ったら、「見ている人が楽しめるかどうか」と「その投稿から何を知ることができるのか」を明確にすることが必要です。ただ、おしゃれなお店ばかり投稿しているからといって、フォロワーが簡単についてくるほどインスタグラムは甘くありません。「情報を受け取ったスマホ越しの相手のその先の行動を想像してコンテンツをつくる」というところまで含めて1投稿が完成し、フォロワー数増加へつながっていくのです。

### ☞ 範囲の設定をする

　最後に、私のもうひとつのサブテーマである「トラベル」についても説明します。トラベルは、「範囲」という意味でサブテーマにしました。私の場所選びの基準は、海外風のカラフルなカフェですから、都内にとどまらず、見つけたら撮影するスタンスです。ちなみに、本当の海外も範囲です。つまり、場所を設定しておらず、空間のテイストで軸を固めているため「トラベル」となったわけです。

　私は、テイストで撮影する場所を決めていますが、場所を絞るパターンもあります。それは、「国内」という日本縛りとしてもいいですし、「大阪」「北海道」などの地域でもいいわけです。これも、自分が続けられるもので設定することが大事です。ここを決めずに、自分の感性だけでぼんやりしたテーマにしてしまうと、「発信者の好きが詰まっただけの投稿」になってしまうのでご注意ください。情報は厳選して発信することがとても大切です。

## ☞ メインテーマとサブテーマをしっかりすみ分ける

　それぞれのテーマが独り歩きしてしまって、結局ライフスタイル投稿になってしまっているアカウントを非常に多く見かけます。それは、メインとサブがしっかりすみ分けできておらず、一つひとつが別のコンテンツとなってしまっていることが大きな原因です。

　つまり、私の事例を基にあなたにお伝えしたいことは、メインテーマとサブテーマをしっかりすみ分けすることが大事だということです。

　最初にメインテーマは何なのか、サブテーマの中でも基準は何なのかを明確にする、そして、その投稿を見たフォロワーの方々がどんな気持ちになり、どういう行動を取るのか、そこまで考えた上での発信が初めてあなたの投稿の"世界観"となってフォロワーの方々へ伝わります。

　それは、フィルターをかけた画像の統一感ではなく、情報の中身の統一感です。本章02「スマホ越しの相手を想像する」でお話ししたように、テーマに迷ったら、「見る人がその投稿を必要とするかどうか」、「人の役に立つかどうか」、「毎日見ることで何かを与えることができるのか」ということを客観視し、自分視点だけでテーマを考えないことが重要です。

　もし、テーマ設定に行き詰まったら、各テーマで成功している方のアカウントをよく見てください。1章04「人気アカウントの発信者さんへインタビュー」を読み返していただければ、さらにたくさんの気付きにつながるはずです。本項の内容を理解した上で見てみると、各テーマの発信者さんごとに、きちんとサブテーマがあり、フォローすることで何が得られるのかが明確になっていることがわかると思います。

# 07

## テーマを複数持つメリット

　テーマをメインとサブの掛け合わせにすることによって生まれるメリットとして、あなたのフォロワーの"ストライクゾーン"が広がる点があります。

　例えば、前述した例の中で、料理をテーマにしたとします。元々料理が得意で、その上いつも彼が褒めてくれるから、「料理をメインテーマにしよう！」と考えたA子さんがいたとします。いくら料理がうまいからといっても、ただ毎日自分のつくりたいメニューを更新するだけでは、そのアカウントを見る人は、A子さんのファンか、「手料理の投稿を見るのが好きな人」のみに限定されてしまいます。

　そこでまず、料理というメインテーマの中から、詳細を決めます。和洋中を絞るというよりも、「相手のためになる」という視点で考え、料理投稿を参考とする主婦層をターゲットにします。すると、「月2万円でつくる節約料理」とか「1食10分でつくれる時短料理」などが喜ばれる情報になるのです。では、A子さんは得意な料理ジャンルで、「月2万円でつくる節約料理」を紹介することに決めたとしましょう。

　ここではまだ、料理というメインテーマの中から何を発信するかを決めた段階です。そこから、料理をあらゆる視点で考えてみると、食卓を彩る"食器"だったり、インフルエンサーとして活躍したいという夢があるなら自分を出さないといけないので、料理をつくる"動画"を撮るというのもひとつの選択肢となります。

ではここで、この食器と動画の2つをサブテーマとして考えてみます。動画は、よく料理メディアが発信している「手元のみを撮るつくり方動画」ではなく、自分をタレント化させて、作業工程を撮るとすると完全にオリジナルなコンテンツになります。さらに、自分が写るとなると、そこで着用しているエプロンやファッションにも着目されると思うので、この部分をつくり込むと完全に自分だけのテーマになります。

　また、食器は料理の完成写真の投稿時に必ず写り込むものなので、投稿文に食器選びのこだわりや食器に合わせた盛りつけ方、あるいは、オススメの食器屋さんの紹介を少し盛り込んでみるということもできます。

## ☞ フォロワーが期待する内容を加える

　ここまでの話は前項でお伝えした流れに沿ってそのまま実践してみたのですが、A子さんの投稿テーマはどこまでフォロワーのストライクゾーンが広がったか、おわかりになりますか？

　正解は、①手料理投稿を見るのが好きな人、②節約料理のレシピが気になる人、③食器や盛りつけ方が気になる人、④A子さんのつくっている姿を見たい人、⑤A子さんが料理中に着ているファッションが気になる人。このように5パターンでA子さんのアカウントをフォローしたい人達が現われます。

　そして極めつけは、⑥「A子さんの生み出す世界観が好きな人」というフォロワーも出てくるので、テーマが掛け合わさることで、フォロワーがA子さんの投稿に期待する目的が変わり、同ジャンルで発信されている方との差別化にもなります。
　そうやって、自分から投稿内容の中に、フォロワーへ期待させるポイ

## 設定によって広がるフォロワー層

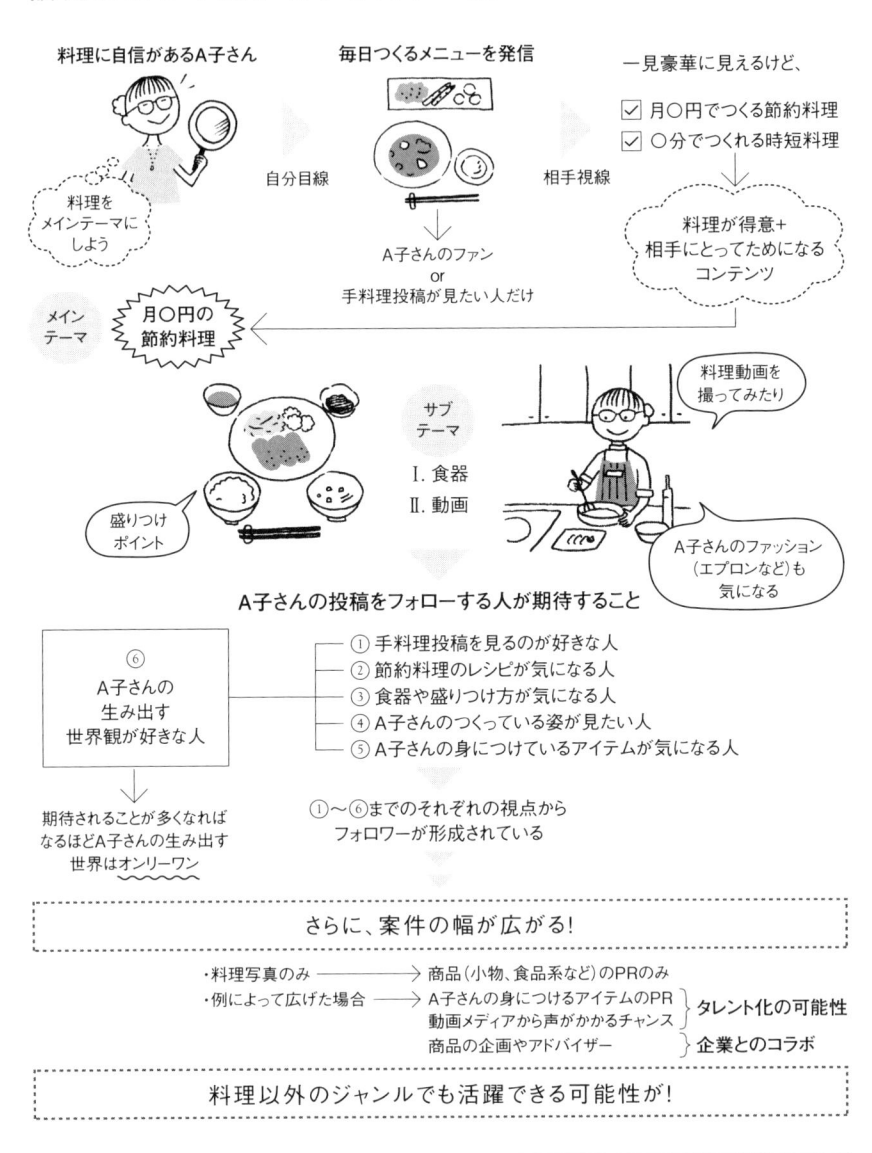

ントを増やしておけば、本来は「手料理投稿」を見たい人だけがフォローするはずの料理投稿からどんどん幅を広げていけるのです。戦略的にテーマを掛け合わせることで、フォロワー数の増加につながりやすくなり、お仕事案件の幅もずっと広がります。

## ☞ ハッシュタグ検索から探そう

メインテーマは決まったけれど、広げ方がわからない場合は、ハッシュタグから自分の気になるテーマをキーワードで検索して、たくさんのアカウントからヒントをもらいましょう。

自分のことはわからなくても、他人についてはあれこれ気づくことはないですか？　気になるテーマのアカウントで投稿している方を見つけて、じっくりと見てみたら「もっとここが知りたいのに」とか、「この内容なら私のほうがもっとうまく紹介できるのに」などと、いろいろな考えが自分の中で飛び交うと思います。それが、あなたの追加すべきサブテーマです。

# 08
## インスタグラムは ストック型メディア

　あなたは、「フロー型メディア」と「ストック型メディア」という言葉を聞いたことがありますか？　この違いを簡単に説明すると、ある言葉をネット検索した時に、最新の情報が上位に現われ過去の情報は検索されにくいタイプか、投稿日時に関係なく検索に強いタイプの投稿かの違いと言えます。

　フロー型は主にFacebookやTwitterなどのタイムライン形式のメディアで、ストック型はブログやYouTubeのように一度投稿しておけば、検索から閲覧してもらえる可能性が高いメディアです。

　では、インスタグラムはどちらだと思いますか？　タイムライン形式で表示されるので本来は、「フロー型メディア」と分類されると思うのですが、私は、最初から「ストック型メディア」としての認識で活用してきました。

　なぜなら、プロフィールページから見た時に、投稿テーマとヴィジュアルの世界観に一貫性があるかどうかがフォローにつながるからということと、ハッシュタグ検索では最新の投稿かどうかは重視されておらず、人気投稿からピックアップされるからです。また、人気投稿に載るためにはフォロワーのエンゲージメント率が重視されるため、過去の積み重ねが重要となります。

　「過去の信頼が今をつくる」というインスタグラムの特性から、「ストック型メディア」であると定義したのです。

## ☞ 過去の反応が計算されている

　また、インスタグラムのアルゴリズム解析では、過去の反応やコミュニケーションの積み重ねによってたくさんの方に届くかどうかが決まってしまいます。

　多くの方に投稿が届くかは、「いいね！」・保存・コメントなどのコンテンツに関するアクションや、そこからあなたのプロフィールページにアクセスしたかどうかといった反応から計測されるのです。

　つまり、投稿に対する行動から関心度の高さを測定し、あなたの投稿がタイムラインの上部に表示されるかどうかが決まります（現在、フィード投稿もストーリーズ投稿も時系列ではありません）。

　こうした定義を理解していただき、あなたにオリジナルのテーマを考えてコミュニケーションを取ってほしいと思います。

　つまり、1枚投稿したら、「その投稿の効力はほとんどない」とか「常に最新の投稿だけが重要」と思うのではなく、1枚1枚「情報を蓄積する」ことでひとつのアカウントができあがるような投稿をしていってほしいのです。

　一番の理想は、自分のアウトプットにもなって、他人にとっても必要である情報をコンテンツとして発信すること。少し難しいお話になりましたが、自分も楽しみながら何度でも見返したくなるアカウントをつくることが大切です。

CHAPTER

4

プロフィールページ
はあなたの顔

The New Method for Instagram

# 01

## 「プロアカウント」に
## 切り替えよう

　さて、ここからいよいよ実践編です！　自分の発信したい内容が決まったら、さっそくプロフィールをつくりましょう。

　まずは、設定を「プロアカウント」に切り替えるところからスタートです。そして、プロアカウントには「クリエイターアカウント」と「ビジネスアカウント」がありますので、その違いについても簡単に説明します。

　プロアカウントに変更することで、1投稿に対して何人が閲覧したのか、1週間で何人が自分のアカウントを発見してくれたのか、また、フォロワー数の男女比や年齢などの「数値データ」がすべて無料で見られるようになります。こんなにすごい数値が設定ひとつで得られるわけですから、切り替えないと損です。詳しいデータ内容は、右ページを見てください。

### ☞ プロアカウントへの切り替え方法

　それでは、さっそく変更方法をお伝えします（102ページから画像説明しています）。まず、プロフィールページから、右上の三本ラインを選択し（①）、設定ボタンを選びます（②）。そこからもう一度、設定をタップすると「プロアカウントに切り替える」という項目があるので、そこをタップします（③）。

　そして、「次へ」を押し続けると（④）、「当てはまるカテゴリを選択してください」というメッセージと選択肢が出てきますが、基本は「個

## プロアカウントにすると見える数値

アクティビティ

コンテンツ

オーディエンス

①②③の合計数
プロフィールまで飛んで
きて、ウェブサイトクリック
やメールを押したアカウ
ントの数

1週間ごとの訪問数（合計）と
曜日ごとの訪問数（グラフ）

① プロフィールへのアクセス数
　（1週間の累計／増減比）
② 外部リンクのタップ数
　（1週間の累計／増減比）
③ [メールを送信] ボタンのタッ
　プ数
　（1週間の累計／増減比）

フィード投稿やストーリーズで
のリーチ数から、「いいね!」・
コメント・シェア・保存などの
詳細も表示される

フォロワーについての情報を
見ることができる
年齢や性別、地域などの詳
しいデータが見られる

発見

投稿がどれだけの人（ア
カウント）に見られたかと
いう数

曜日ごとの閲覧数（グラフ）
リーチ（アカウント数）
インプレッション（PV数）
※リーチとインプレッション
は、「過去7日間」「過去
14日間」「過去30日間」
など、結果の期間をフィル
ターで変えることができる

# インサイトの画面表示

### プロフェッショナルダッシュボード

### インサイト

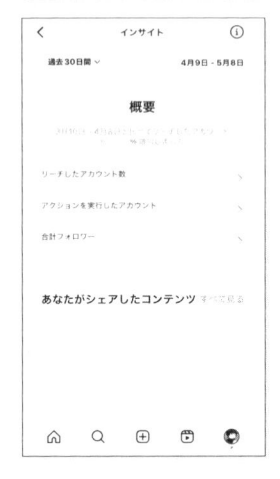

### コンテンツ

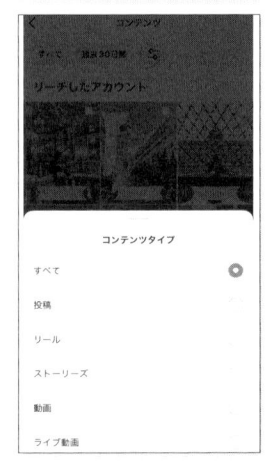

### コンテンツ

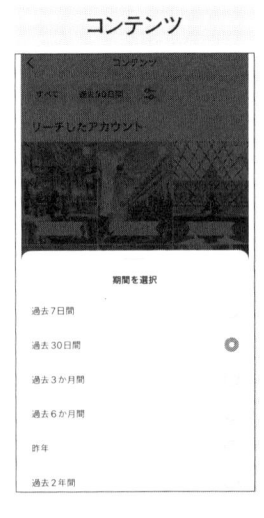

### コンテンツ

### フォロワー

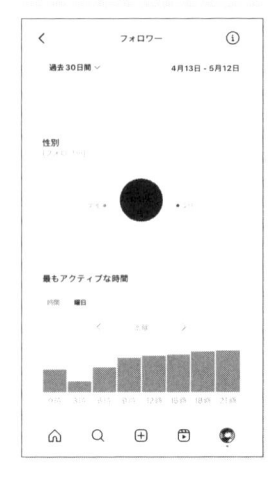

人ブログ」にしておくのがオススメです。カテゴリをプロフィールに表示するかどうかは、右上のタブを ON ／ OFF で設定することができます。カテゴリを選択すると「クリエイターですか？」と表示されますので、「クリエイター」を選んでください（⑤）。

　最後にあなたの安全設定を「OK」にしてから（⑥）、アカウントセンターを使ってログインを共有するかを選びます。ここで「後で」を選んでもプロアカウント設定に進めますので安心してください。必要に応じて、後からリンクさせることも可能です。

　ちなみに「アカウントセンター」とは、Facebook とインスタグラムのアカウントを 1 ケ所で管理できる仕組みのことです。最初からFacebook をリンクしたい方は「次へ」ボタンを選んでください。設定は後からでも変えられます。ちなみに、Facebook とのリンクが必要になるケースは、主に「広告ページを作成する時」のみです。

　リンクすることで、普段からインスタグラムの投稿を Facebook と連動して発信することもできますが、私はオススメしません。なぜかというと、SNS ツールごとに発信スタイルは違うので、インスタグラムの投稿内容をそのまま Facebook に横流しすると、Facebook で発信すべき内容の投稿が見てもらえなくなる可能性があるからです。

　カテゴリの選択では、自分のテーマ内容に合ったカテゴリを選択しましょう（④）。

　本書では、個人で発信してお仕事につなげたい方向けに紹介していますので、オススメは「個人のブログ」カテゴリになります。

　すでに自分で商品などを販売していて、その内容を発信したい場合は、「衣料品（ブランド）」や「商品・サービス」のカテゴリにするなど、

# プロアカウントへの切り替え方法

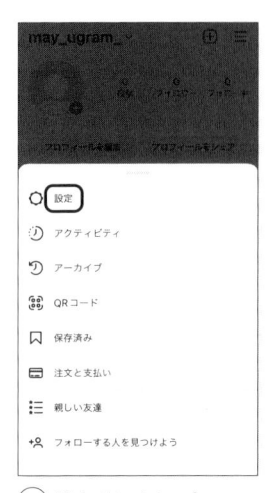

① 設定ボタンをタップ

② もう一度設定ボタンをタップ

③「無料のプロアカウントに切り替えよう」→「次へ」

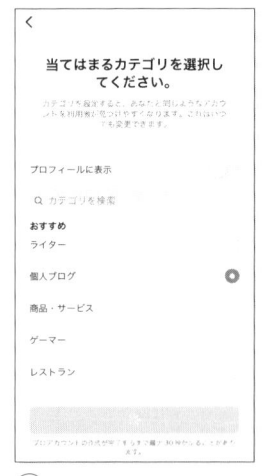

④ カテゴリを選ぶ

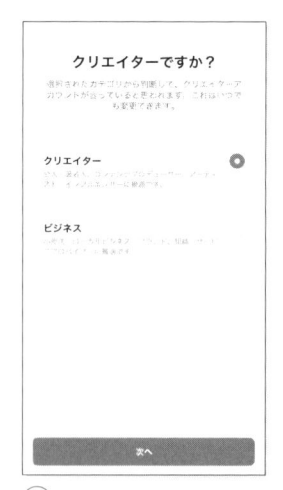

⑤「クリエイター」を選択

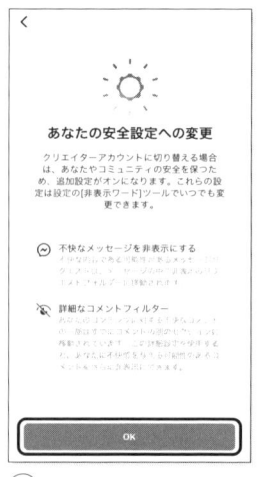

⑥「安全設定」を「OK」

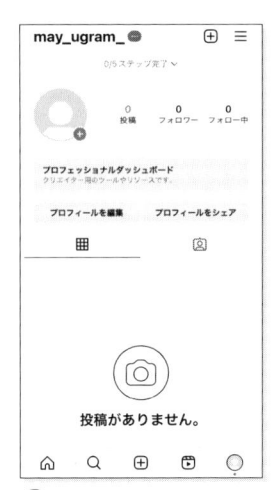

⑦「アカウントセンター」に行く　⑧「プロアカウント」を設定する　⑨ 設定完了

どのカテゴリを選択するかによっても自分のアカウントのブランディングになるので、投稿内容とぴったり合ったものを探してみてください。迷ったら、「個人のブログ」です。

　また、プロアカウントで「ビジネス」を選んだ場合は、発信者にタイアップ広告を依頼する場合に「広告作成のアクセス許可をリクエスト」のみ実行できることに対し、クリエイターアカウントは「広告を承認」することのみ可能ですので、お仕事をスムーズに受けられるようにクリエイターアカウントにしておくことをオススメします。

## ☞ プロアカウントに変更する前に知っておきたいこと

　また、プロアカウントに変更すると、非公開アカウント（申請を許可したフォロワーのみが閲覧できるアカウント）にはできません。「設定とプライバシー」から「クリエイターツールとコントロール」をタップし、「アカウントタイプを切り替え」をタップすると、「個人用アカウントに切り替える」or「プロアカウントに切り替える」という項目が出てくるので、そこから個人用アカウントに切り替えることが可能です。

　そこから非公開にしたい場合は、プライバシー設定からアカウントのプライバシー設定を「公開」から「非公開」に変更すれば、いつでも非公開にできます。

　しかし、個人用アカウントに切り替えてしまった途端、今まで蓄積されてきたデータがすべてリセットされますので、私はオススメしません。発信者としてお仕事をしたい場合は、分析のための日々のデータが命になりますので、初めにプロアカウントに設定したら、必ずそのままにしておいてください。プロアカウントへの変更が終わったら、いよいよプロフィールページを整えていきます。

# Ｆａｃｅｂｏｏｋを後でリンクさせる方法

① 三本ラインを選択

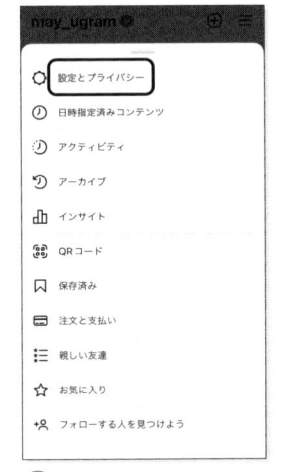

② 「設定とプライバシー」を
タップ

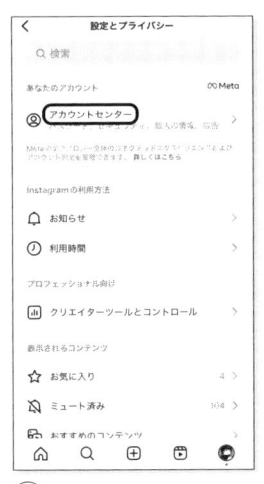

③ 「アカウントセンター」の項
目が出てくるのでタップ

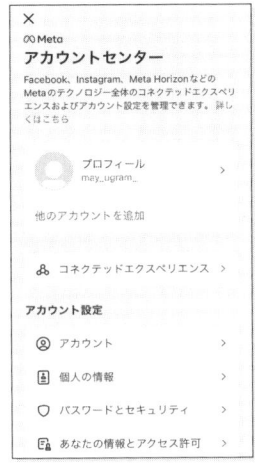

④ アカウントセンター

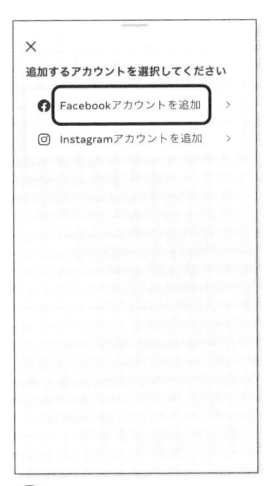

⑤ 「Facebookアカウントを追
加」

⑥ 「次へ」でリンク完了

# アイコン画像で差別化を図る

「プロフィールページのアイコン写真に使えるような、素敵な写真がないし、そもそもどういう写真にしたらいいかわからない」

こういう方は多いと思います。プロフィールにどういった写真を選ぶかで、フォロワーが増える速度が変わってくるので、ここもしっかり説明していきます。

大前提として、「自分の顔を載せておいたらいい」というわけではありません。3章01「芸能人の真似をしてもダメ」でもお話ししたように、トップクラス級にかわいくて、「ライフスタイル投稿でたくさんのフォロワーを獲得できる方」、つまり、「その人そのものにファンがつく場合」は、一番かわいく写っているものを載せることが正解ですが、私を含め、それ以外のジャンルで投稿する方に関しては、ただの顔写真では完全にアウトです。

せっかく、投稿内容は見る側を想った「相手のためになる情報」を更新しているにもかかわらず、自己主張の強すぎる顔写真を選んでしまっては、投稿内容が「THE 自分ワールド」に見えかねません。

自己主張が強い自分視点の投稿内容だと、フォロワーが増えないのと同様、プロフィールの写真も同じなのです。だからといって、きれいなお花の画像をプロフィールにすればいいというわけでもありません。

## 　アイコン画像の正解

　ずばり、プロフィールの写真から投稿内容が想像できる写真がいいのです。3章06「オリジナルコンテンツのつくり方」でお話しした投稿内容に沿って、1枚でテーマを表わすことができる写真を選んでください。

　私がアカウントを立ち上げた時は、「ファッション×カフェ×トラベル」がテーマでしたので、プロフィールの写真は、ファッションに合わせた壁とカフェメニューが融合した画像を選んでいました。

　もしここで、カフェメニューだけが載った写真をアイコンにしている場合、「カフェメニューをメインに発信している人」に見えてしまい、「ファッションが出てくること」は想像がつきません。仮に、顔出しをしておらず、カフェメニューの発信がメインの方の場合は、カフェメニューの写真をプロフィールの写真にすることが正解なのですが、客観的に見た時に、「自分がカフェメニューと一緒に写っている写真のほうが見栄えがいい」と言い切れる場合は、カフェ8割：自分2割くらいの写真をプロフィールに設定するのもありだと思います。ですがその場合、元々顔出しでカフェコンテンツをつくって発信したほうが確実にいいので、ここでもう一度「本当に自分が発信すべき内容」を見直すべきだと思います。

## 　まずはこの1枚にしよう

　ここでアイコン画像を選ぶ簡単な方法をお伝えします。今後、投稿を続けていくと、プロフィールにぴったりの写真が出てくるので、それまでは1枚目に投稿した写真を、そのままアイコン画像として使うのが私

## テーマに合わせてプロフィールの写真を選ぼう

@may_ugramの場合

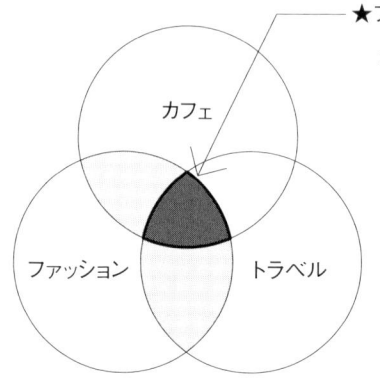

★プロフィールの写真はテーマが重なる写真を選ぶ

3つ重なる写真がなければ、

メインテーマ × サブテーマ

の2つが重なる写真を選ぶ

例

私の場合はメインテーマがファッションなので

ファッション × カフェ
ファッション × トラベル

の交わる写真を選ぶ

のオススメです。

　なぜかというと、その写真がテーマそのものだからです。一度、1枚目の投稿写真をプロフィールの写真に設定しておき、9枚の投稿写真が揃うまでに、自分の投稿テーマを象徴する最高の1枚を撮影しておくのです。

　今や無料アプリで簡単にアイコン画像もつくれますので、写真に自信がない方は、オリジナルのアイコン画像をプロフィール写真に設定する方法もあります（無料アプリの「Phonto 写真文字入れ」はシンプルな文字入りアイコンがつくれるのでオススメです）。

　一番の理想は、「どの写真をプロフィール写真に設定してもいい」と自分で思える、納得のいく投稿写真を毎回撮影することです。プロフィール写真を制する者は、将来、確実に案件が途絶えない人になれます！

# 03
# フォローしたいと思われる
# プロフィール文

　ここでは、写真の次に大切な「プロフィール文」についてご説明します。一見、「写真さえよければ、関係ないのでは」と思うかもしれませんが、プロフィール文の書き方次第で、フォロワー数が一向に増えない可能性もあるのです。

　あなた自身もそうだと思いますが、アカウントをフォローするか否かの判断時間は、数秒です。「この人をフォローするか、しないか、どうしよう……」と、何分も悩まないはずです。たった数秒間で、フォローしてもらう確率を上げるためには、投稿されている写真ももちろん大事ですが、プロフィール文を見ただけで、「何が得られるのか」を明確に伝えることが重要です。

　もうおわかりの方も多いと思いますが、念のために言います。
　ここでは、あなたの自己紹介文は一切必要ありません。

　たった150文字という制限があります。それを、発信内容を最大限にアピールするために使ってください。ここでどう説明するかによって、フォロワー数が大幅に変わります。それでは、今回もA子さんとB子さんの例で説明していきます。

## ☞ 同じ投稿内容でもプロフィール文で差が出る

　3章06「オリジナルコンテンツのつくり方」で紹介した「ターゲッ

ト層を先に決めるパターン」から導き出したテーマに沿って考えてみます。A子さん、B子さんの2人とも、ターゲット層は「私服通勤のOL」で、メインテーマは「ファッションとランチ巡り」にしました。投稿写真もまったく同じです。では、あなたは、次のどちらのプロフィール文が書かれたアカウントをフォローしたいと思いますか？

A子：「都内で働くOLです。このアカウントでは、日々のファッションやおしゃれなランチを中心に更新します」

B子：「私服OLへのオススメガイド。高見えするのにトータル1万円以内の通勤コーデとヘルシーかつ穴場な丸の内エリアのランチスポットをご紹介します」

どちらがフォローしたくなりましたか？　私なら、速攻でB子さんをフォローします。A子さんは完全にプライベートアカウントにしか見えません。「都内で働くOLです」と言われても、「へぇ……」という言葉しか出てきませんし、「日々のファッションやおしゃれなランチを中心に更新します」という一撃です。どうでしょうか？　「あなたの暮らしには興味がありません」というのが、正直な気持ちでしょう。

3章01「芸能人の真似をしてもダメ」でお伝えしたことを繰り返しますが、芸能人やトップクラス級の美女ならOKです。それ以外の方は、完全にアウト！　なのです。しかし、A子さんとしては、「私、発信内容を最大限にアピールしましたけど」と言いたいでしょう。ずばり、このプロフィール文がNGな理由は、「どういった人に届けたいか」が明確になっていないからです。

##  そのアカウントを必要とする人がいる

そこでB子さんを見てみましょう。「高見えするのにトータル1万円以内の通勤コーデ」と聞くと、ブランドも気になるし、私服を毎日選ぶのが苦手なOLからしてみたら、救世主の登場にもなり得ます。B子さんが紹介する洋服を買うこともできれば、似たようなアイテムを買ってみて同じようなコーディネートをすることだってできます。このたった一文で、見る側の期待は高まっていくのです。

ファッションが苦手なOLからしたら、これだけでも十分「フォローする対象」となる上に、「ヘルシーかつ穴場な丸の内エリアのランチスポットをご紹介」してくれるなんて、最高です。仮に、都内に住んでいなかったとしても、東京駅付近に来た時にランチを探す参考になりますし、OLのランチ紹介とはいえ、ヘルシー志向のサラリーマンも参考にするでしょう。主婦のお茶会や学生がランチをする時にも、「混んでないお店を知りたい」「野菜系が食べたい」と思ったら参考にできるアカウントですよね。

例えばここを、「1食ワンコインで食べられるランチ」とすれば、「トータル1万円以内の通勤コーデ」と横並びにして、「都内で暮らす、生活費がギリギリのOL」という層にターゲットを絞って届けることもできます。しかし、今回は最短でフォロワー数を伸ばして収入を得ることを目的としているので、あえてニッチな市場を狙わずに、「ヘルシーランチ」とすることで、マス層（幅広い層）へリーチさせるテーマを選んだこともポイントです。

## ☞ 見ている人が勝手に想像してくれる

そして、勘のいい方はすでにお気づきだと思いますが、B子さん自身は「丸の内で働くOL」とは一言も言ってないのです。見る側としては勝手に、「丸の内OLのランチ紹介」と思ってしまっているのです。ですが実際のところ、B子さんは丸の内で働くOLと確定したわけではありません。もしかしたら、OL風のファッションが好きなフリーランスかもしれませんよね。つまり、本当の自分をインスタグラムの設定と必ずしも一致させなくていいわけです。

あくまで、発信内容を届ける上での架空の人物をイメージし、その層が知りたい内容を当事者のように導き出すということもひとつの手段です。B子さんは、自分のことを一切説明していないけれど、相手に勝手に予測させています。これが、自己紹介は一切していないにもかかわらず、フォロワーをつかみ取るプロフィール文の書き方なのです。

# 04

## 自己紹介で説得力が増す場合

　前項では、発信者の自己紹介を書くことでマイナスになってしまうパターンをご紹介しましたが、自己紹介を出したほうがいい時もあります。

　それは、発信内容に対して「専門家」が話しているほうがより説得力が増すパターンの時です。例えば、コーヒーの淹れ方を紹介してくれるアカウントがあったとします。A・Bどちらの方をフォローしたいと思いますか？

A：おすすめのコーヒー豆や焙煎方法をご紹介いたします。

B：○○cafeで働くバリスタです。おすすめのコーヒー豆や焙煎方法をご紹介いたします。

　どちらに説得力を感じたでしょうか。Bですね。つまり、自分の職業や資格、実績などで箔がつく場合や、書くことによってブランド価値を上げられる時は一言つけ加えたほうがいいのです。

　自分の強みに基づいた投稿テーマで発信する場合や、紹介したほうが間違いなく投稿内容に説得力が増すという場合は、一言自分の詳細を入れてください。

　自分の情報の足し引きがかなり重要になります。投稿内容に対して入れる必要のないことは入れない。入れたほうが絶対いいものは、加える。書くかどうかの判断の基準は、「それは専門家に聞いてみたい」と自分が思うかどうかです。

# 05

# ユーザーネームが自分の名刺

「名前は自分のフルネームだし、ユーザーネームは名前と誕生日を組み合わせています」という方が多いと思いますので、この点に関してもきちんと説明します。

今回は、差別化しやすいように「名前」を「アカウント名」として説明します。ユーザーネームとアカウント名はそれぞれ決められるので別物です。

まず、ユーザーネームに関しては、アカウント名よりも重要です。なぜかというと、メディアにピックアップしてもらえる時は、基本的にユーザーネームで紹介されるため、アカウント名が使われることは、ほとんどないからです。

ということは、「ユーザーネームはメインネームと思って準備するべき」ということになります。ですから、ユーザーネームは、「名前と誕生日」というような暗証番号チックなものではなく、「名前＋テーマに基づくもの」や「覚えてもらいやすい」「伝えやすいもの」に最初から設定しておいたほうがよく、あまりコンマやアンダーバー、ハイフンを交ぜないほうがいいです。

## ☞ ぜひ注意してほしいこと

私の例です。私は、名前の "mayu" と "instagram" を混ぜ合わせて、「may_ugram」としましたが、正直失敗しました。

具体的にどこが失敗だったかというと、せめて、「mayu_gram」にす

るか、「mayugram」とつなげたほうが、口頭で紹介する時に伝えやすいのです。気づいた時には、複数のメディアで写真掲載をしていただいた後だったので、変えることができずにここまで来ました。途中で変えてしまうと、URL が変わってしまうため、すでにご紹介いただいた記事やタグ付けしてもらった投稿写真から、私のプロフィールページ画面へ飛べなくなってしまうのです。

　この経験から、これからユーザーネームを考える方には、口頭で伝えやすいユーザーネームにしておくことを強くオススメします。

##  名前に関心はない

　アカウント名については、フルネームは基本的に必要ありません。知り合い以外の方からフォローされた時に思い出していただきたいことは、発信者に興味があってフォローしたというわけではなく、発信者から投稿される「情報」に興味があるからフォローしてくれたということです。

　つまり、インスタグラムは「誰が（発信するか）」ではなく、「何を（知ることができるか）」が最重要ということになります。

　そうすると、本名は必要なく、むしろ弊害を及ぼしかねません。なぜなら本名というだけで、その人自身をフォローするということ

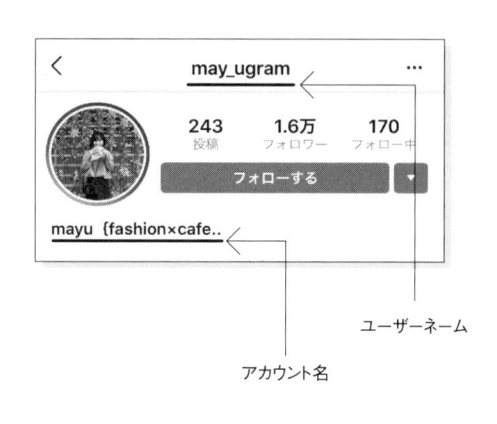

アカウント名 ( 名前 ) とユーザーネーム

ユーザーネーム

アカウント名

になってしまうからです。おそらく私が「艸谷真由」という実名で、同じ条件・内容を更新していたとしても、ここまで短期間でフォロワーは増えなかったことでしょう。

きっと読者のみなさんは今、「艸谷真由って誰？」と思いましたよね。つまり、「may_ugram」では認知されていたとしても、「艸谷真由」は知らないわけです（ちなみに名字は「クサタニ」と読みます）。

インスタグラムを趣味として投稿する人はもちろん実名でもいいです。ですが、「最短でフォロワー数を伸ばして、案件を受けたい」と思うのなら、リアルな自分は一旦外に置き、インスタグラム内では、つくり込んだテーマとユーザーネームのもと、アカウント名をフルネームにせず、テーマに沿った「ひとりのキャラクター」として、いつもと違う自分を楽しんでほしいと心から思います。これが短期間で成功する秘訣です。

## ☞ フルネームにする場合のオススメ

どうしてもフルネームにしたい。自分を出して発信したいという方は、1万フォロワーを達成してからアカウント名をフルネームにすることをオススメします。 アカウント名は途中で変更しても何にも影響がないため、フォロワー数を集めてから本名を出しても遅くはありません。

しかし、ユーザーネームのほうは初期設定と変えてしまうとURLが変わるため、どういったアカウント名でも共通して使用したいものにしておいてください。また、1万フォロワーまでいかずとも、発信内容と共に名前も覚えてもらいながら活動したいという場合は、テーマと合わせてフルネームを入れる方法もあります。今の私はまさにそうしています。

# 06

## インスタグラムに眠る不審者

本章の最後に、インスタグラムで不審者扱いをされてしまうパターンと、他SNSとの位置づけについてお話ししていきます。

インスタグラムと他SNSとの位置づけとして、Facebookとインスタグラムは真逆で、Twitterはその間になります。

Facebookは、本名がメインで、日々の出来事や仕事の話など、自分の日記と宣伝がメインです。知り合い限定の個人ブログに近いテイストがあります。Twitterは、その方の発信する思想に興味を持ってフォローするでしょう。本名かどうかよりも、発信者の職業や実績など、スペック重視なところがあり、発言内容（文章）に共感を覚える方をフォローする傾向がありますよね。

それに比べてインスタグラムは、誰もが知る有名人でもない限り、実名だとフォローしてもらいにくい傾向があります。誰が発信しているというよりも、何を発信しているかが重要になるため、自分が商品の仕事（セミナー講師や思想を伝えるような仕事をされている方）でFacebook投稿とほぼ変わらない内容を発信してしまうと、怪しいライフスタイル投稿に見えてしまいますのでご注意ください。

どうしてそう見えるのかというと、そのアカウントをたまたま見た方が、投稿者自身をまったく知らないからです。ご自身の生徒さんやほかのSNSで集客したフォロワーさん向けの「すでに認知がある方向け」にインスタグラムを使うのであれば、Facebookと変わらない内容でも

## ３つのＳＮＳの位置づけ

インスタグラム

Facebook

真逆

ニックネームメイン

有名でない限り、実名だとフォローされにくい。その人の暮らしには興味がない。Facebookと同じ投稿をすると、怪しいライフスタイル投稿になってしまう。

・「何を」発信しているかが大切なビジュアルメディア
・「知りたいこと」から情報を探すことができる

実名メイン

日々の出来事
仕事の話など
日記&宣伝

知り合い限定の
個人ブログというイメージ

Twitter

本名かどうかというよりも、発信者のスペック重視

発信内容に共感

※Twitterのロゴは現在「X」になっています

いいのですが、新規の集客は厳しくなります。

　このようなビジネス目的でインスタグラムをはじめる場合は、集客したいターゲット層がフォローしたくなる内容を想定して発信するか、とにかく有益な情報を惜しみなく与えることが必要となり、当然ですが時間もかかります。

　しかし、インスタグラムのユーザー層には、Facebook や Twitter では出会えない層が眠っているのと、投稿内容がハマれば、発信感度の高い若年層や口コミが広がりやすい主婦層とつながることもできます。ですから、アイコンはビジネスオーナーの顔にして思想をプロフィールページに書いて、固定リンクに「LINE @」を貼って、「自由な時間を〜〜」という投稿はまったく好まれませんのでご注意ください。そんなアカウントにフォロワーとして残るのは、「フォロー返し」してくださった方だけという残念な結果になります。

　このように、インスタグラムでの戦い方は、他 SNS と違いますので、インスタグラムで集客を考えている個人事業主の方々は、他 SNS の発信方法と切り離して考えていきましょう。

CHAPTER

5

素人でもOK！
写真の撮り方と
編集方法

The New Method for Instagram

# 水平・垂直だけで「いいね！」倍増！

「mayu さんみたいにおしゃれな写真が撮れません。どうやったらうまく撮れるのですか？」と、うれしいことによく質問をいただくのですが、正直なところ、機械音痴で上手な構図などもまったくわからないため、極端に言うと、「まっすぐに撮っているだけ」なのです。

インスタグラムをはじめる数ヶ月前、旅先での思い出の写真を撮りたいと思い、自分用のデジカメを初めて購入しました。家電量販店で私が店員さんに聞いた一発目の質問が、「誰でも簡単に撮れて、美肌加工つきのカメラはありますか？」です。カメラが好きな方からしたら、「簡単かつ美肌加工ができるカメラ」というものは、おもちゃみたいなものかもしれません。ですが、私は多機能なものは扱えないので、「ワンタッチで撮影できて、Wi-Fi ですぐスマホに飛ばせて、勝手に美肌に写るもの」を条件に購入しました。当時はデジカメのフィルター感でしかうまく撮れなかったのですが、鮮明な写真のほうが反応のよい時代に合わせて、現在の写真はすべて iPhone で撮影しています。

## ☞ キーワードは"正方形"

前置きが長くなりましたが、ここまで機械に疎く、センスに自信がなかった私が、おしゃれに見せるために一番気をつけていることは、「正方形の中にきっちりと収めること」です。これだけ押さえておけば、センスのいい写真は簡単に撮れると言っても過言ではありません。

では、詳しく説明していきます。まず、インスタグラムの写真は、プ

## プロフィールページから見た投稿写真の見え方

横長写真を投稿した場合

縦長写真を投稿した場合

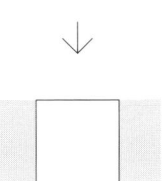

左右が見切れ、
正方形の箇所だけアップになる

上下が見切れ、
正方形の箇所だけアップになる

応用として、あえて縦長写真を投稿することで、タイムラインでの存在感を発揮できる

画像の最大サイズは、1,080ピクセル、アスペクト比1.91：1～4：5
※この範囲を超える場合は、サポートする比率に合わせてトリミングされる

タイムラインでの占有面積が
大幅に変わる

縦長

正方形・横長

上下が見切れることを想定した直角で縦長写真を投稿することがオススメです

ロフィールページから見ると、すべて正方形になっています。縦長・横長写真でも、その形のまま投稿することはできるのですが、投稿した後のプロフィールページ上での画像は正方形で表示されるため、上下・左右が切れて反映されます。

これがおしゃれに見えないこともないのですが、投稿数が増えた時、プロフィールページから投稿写真の配列全体を見返すと、なんだか統一感がなく、ごちゃごちゃした印象を与えます。

そこで一度、私と同じ考え方で写真撮影をしてみることをオススメします。

まず、ポイントとして押さえてほしいのが、写真１枚の質のよさを求めることは当然なのですが、「後から見返した時のプロフィールページから見た構図」が最も重要という点です。

それでは、撮り方のコツを３点ご紹介します。

## ①縦画角で写真を撮る

スマホの場合は縦画角が基本だと思いますが、カメラの場合も同様です。縦でかつ、上下に余白を残して撮影するのがポイントです。スマホの場合だと、最初からスクエアにして撮影することもできますが、後から傾きの調整や切り取りをすると、きっちり正方形に収まらない場合が多いので要注意です。まず、横幅は元々考えている構図のままで、上下の余白を残して撮影し、後から編集で上下を切るのがベストです。

また、応用編として縦長写真をそのまま投稿に使うこともオススメしています。どういう時に縦長写真をオススメするかというと、奥行きを出したい時や、上下の余白を入れたほうが写真としてのインパクトが与えられる時です（画像の最大サイズは、アスペクト比 1.91：1〜4：

# プロフィールページの構図を優先させよう

奥行きを伝えたい時には、縦長写真が有効になる。

上下に余白を設けてフィルム風に見える加工をした場合のプロフィールページ。一見きれいに並んでいるように見えるが、この投稿スタイルでフォロワーを多く抱える一般人は極めて少ない。

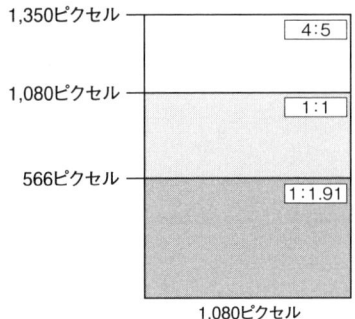

インスタグラムの画像サイズ。これを超えると自動でトリミングされる。

5となり、この範囲を超える場合は、投稿画像のサイズに合わせて投稿時にトリミングされます）。

　また、大切なポイントとして、あえて正方形の写真を全面的に使わず、フィルム写真のように、上下に余白を入れた加工をされる方もよく見かけるのですが、フォロワー数を増やしたいのであれば、それはNGです。写真自体が小さくなって見にくいですし、その投稿スタイルでたくさんのフォロワーを抱えている人の事例を芸能人以外で見たことがないからです。また、人気投稿や発見タブに表示される確率も下がります。

　すでにフォロワーを1万人以上抱え、よりよいコンテンツにしていくために、余白を使って写真をデザインするという意味で加工するのであれば問題ないのですが、フォロワーがいない段階で、かつインスタグラムの発信からお仕事につなげたいという方は、必ず写真のフレームはなくして発信しましょう。


## ②水平・垂直に撮る

「低いものは水平に、高さがあるものは垂直に」がポイントです。私のアカウントを見ていただけばおわかりになるかと思いますが、斜め上や斜め下の角度から撮影したものは基本的にありません。

　食べものを例であげると、「パンケーキは真上から水平に撮影する」「パフェは垂直に撮影する」ということです。壁と食べものを掛け合わせた写真の比率が多い私のアカウント内で注意していることは、壁の角度と手持ちスイーツの角度が水平であること。こんな単純な法則を守るだけで、統一感のあるきれいな写真が撮れます。


　ここで、スマホで撮影する時にとても便利なカメラ機能があるので、お伝えします。それは、「グリッド」です。グリッド機能を使うと、撮

# これだけ！　ｍａｙ＿ｕｇｒａｍ流　撮影の鉄則

パンケーキ（低いもの）は
水平に撮る。

パフェ（高さがあるもの）は
垂直に撮る。

影画面に縦と横3本ずつの格子状の線が表示されるので、水平・垂直に撮影するにも便利なのです。iPhone の場合は、設定→カメラ→グリッドを ON で完了です。

### ③「いらないもの」を写さない

これはインスタグラムの投稿の鉄則だと思っています。自分と背景を撮影した時に、通行人の方が写っていたら……、それはただの「記念写真」となります。自分自身が「一般人のアカウントをフォローする」と考えた場合、同じテイストで発信している方が2人いたとしたら、完成度の高い写真の人のほうをフォローしたくなるはずです。その完成度の高い写真というのが、「自分（あるいは撮影したいもの）だけの世界をつくること」なのです。

私はできる限り、朝一や人の少ない時間帯を狙って撮影スケジュールを組むことで、人が写り込みにくい環境をつくっています。ですがどうしても混雑時の撮影となる時は、他の人が写らない角度を探し、瞬間を狙って撮影しています。ものを写す場合は、写真に写る箇所を整理することで、見栄えが大きく変わります。

それでも、どうしても他人やいらないものが写ってしまったという場合に私は、「Adobe Photoshop Express」の修復機能を使って"なかったこと"にしています。こういう点を意識して撮影するだけでも、写真のレベルは格段に上がります。Photoshop 以外にも「いらないものを消す」と App Store で検索すると、たくさんのアプリが出てきますので、ぜひ自分が使いやすいものを活用してみてください。

# 便利！ グリッドを使おう！

① 設定→カメラ

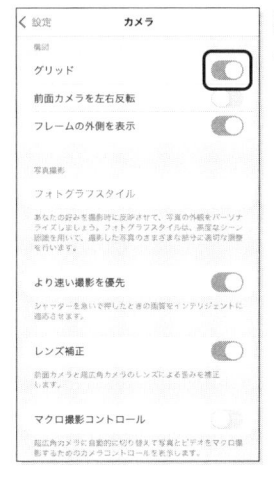

② グリッドをON

# 「なかったこと」にするワザ

元の写真には
写り込んでいた
"不要なもの"。

「Adobe
Photoshop
Express」を
使って"なかった
こと"に加工。

# 02

## 答えはインスタグラムに眠っている

　カメラは縦に構えて撮影した。水平・垂直も覚えた。それでも、おしゃれな写真が撮れない……。こんな時こそ、インスタグラムの出番です。

　また、「自分が撮影したいイメージはなんとなくあるけれど、どうやって撮ったらいいのだろう」そんなふうに悩んだ時は、とにかくインスタグラムを見るに尽きます。

　なぜならインスタグラム内にたくさんの解答例があるからです。おしゃれな写真を撮るために一番重要なことは、高いカメラを買うことでも、被写体に合わせた完璧な構図を理解することでもなく、事前の下調べで、一番「映えるアングル」を見つけておくことなのです。

　つまり、とにかくうまい人の構図を丸ごと真似させていただくということです。撮りたい構図さえわかったら、とにかくその人と同じアングルで撮影してみましょう。

　ここで注意してほしいのが、「なんとなくこんな感じだったはず」と中途半端に真似をするレベルではなくて、置いてあるものの角度や、撮影する時間や天候（日の光がたっぷりな時間、あえて曇りの日の撮影など）から、自分の写る位置まで、完全にコピーしてみてください。その後にちょっとした色調整を入れるだけでびっくりするほどおしゃれな写真が撮れます。

## ☞ 検索すれば必ず見つかる！

インスタグラム内でのお手本写真の探し方は簡単。自分のテーマの
ハッシュタグを検索して、人気の投稿に出てくる写真を見てみましょ
う。写真によっては、カメラのスペックが高くないと撮れないようなも
のも出てきますが、そもそもそこまでのカメラ技術は、本書の内容の
ゴールである「フォロワー数を増やしてお仕事案件につなげる」という
部分では必要ないので（実際に私はデジカメで成功していますし、最近
の写真はすべて iPhone で撮っています）、「このくらいの写真だったら
私でも撮れるかも」と思えるようなおしゃれ写真を見つけ、いつでも見
られるように保存しておくことがオススメです。

事前に、「自分はこんなアングルで写真を撮りたい！」というイメー
ジの写真を2パターンほど選んでおけば、後はそのアングルで撮り続け
ればいいのです。変に自分で考えて毎回違うアングルで撮るよりもよっ
ぽど統一感があってプロフィールページからの見映えもきれいにまとま
ります。

事前に撮影する場所やものが決まっている場合も同様、ハッシュタグ
で検索して人気の投稿を見ると、参考にしたい写真がたくさんあるはず
です。私は毎回このようにして「映えるアングル」を見つけてから撮影
に向かうので、構図の失敗もなく、現地で撮り方に悩まないので時間も
かかりません。

「丸ごと真似してしまったら、元々投稿している人から何か言われるの
では……」と心配される方もいるかもしれません。しかし、まったく同
じ構図で撮影したにしても、撮る人や使用するカメラによってまったく

同じ写真にはならないことも事実です。それが、写真のよさですから、率先して真似することからはじめてほしいと思います。

　最初は上手な写真のアングルをひたすら真似して撮っていけば、気づけば自分の撮り方に変わります。また、自分の投稿してみたい写真がたくさん投稿されているようなアカウントに出会ったら、フォローしておき、いつでもその人の撮影した写真を見られるようにしておくこともオススメです。

　私は「本格的にインスタグラムを開始するぞ！」と意気込んだ日から、毎日どれだけの素敵写真を眺めたかわかりません。美人と一緒にいると美意識が高まるのと同様、毎日たくさんの素敵な写真を見ることで、自分のカメラセンスも間違いなく上がります。

# 03

## 毎 日 お し ゃ れ じ ゃ な く て い い ！

　インスタグラムで発信する人って、「毎日おしゃれな生活を送っている」と思っていませんか？　また、「毎日おしゃれなところに行ける人しか発信者になれない」と、思われている方もいるかもしれません。そこで、最初に言っておきますが……、私は基本、週に１回しか撮影をしていません。

「え⁉　毎日カフェ巡りされていると思っていました」とよく言われるのですが、さすがに、毎日カフェ巡りができるほど優雅な暮らしはしておりません。１週間のうち１日を撮影の日として確保し、本来であれば３日間かけて行くような所を１日でまわります。

　私は東京に住んでいるのですが、「名古屋のフォトスポットを撮影したい」と思い計画した時には、日帰りで名古屋に向かい、９軒のカフェを一気に巡りました。普通、「カフェは１日に２件が限界」かもしれませんが、インスタグラムに集中すると決めた時から私の中で「普通」はないことに決めました。朝昼夜ごはんをすべてカフェにして、間の休憩もカフェに行けば、１日でまわれる件数です。

　私は、毎日の空いた時間にカフェに行って撮影するくらいなら、一気にまわって撮りだめしたい派なのでそのようにしていますが、「そんな忙しいスケジュールはこなせない」という方は、もちろん、ご自分のペースで撮影するといいと思います。

　要は、毎日撮りに行かなくていいので、撮影できるタイミングで一気に撮っておく。これで発信は毎日できる、ということです。

## ☞ 私の撮影スケジュール大公開

せっかくですからここで、私の名古屋日帰りカフェ巡りのタイムスケジュールを公開したいと思います。

基本的に各カフェの滞在時間は20分程度。前後の移動も含めて30分以内です。ポイントとしては、カフェをまわる順番（ルート設定）と何を注文するかです。

### ①カフェをまわる順番

エリアごとに分けて考え、開店時間や混雑時間を考慮した上でルートを組みます。

事前に組んでおくことで、「先にあっちのカフェに行ったほうが効率がよかった……」というような時間のロスを軽減します。

### ②何を注文するか

タイムスケジュールを見ていただき、気づいた方も多いと思うのですが、基本的に各カフェでひとつしかオーダーしません。そして、素早く出てくるフードやドリンクがメインで、注文するものは事前にインスタグラムで下調べ済みです。その上で、店員さんに一番オススメの商品を聞いて、どちらかを選んでオーダーします。

選ぶ基準は、「食べたいもの」ではなく「紹介したいもの」です。「ひとつのカフェでいっぱい頼んだほうが、写真の枚数は増えるのでは？」と思われるかもしれませんが、インスタグラムを見てくださる方にとって、「同じお店で様々なメニューを投稿するアカウント」より「様々な

## ある日のインスタ用撮影タイムスケジュール（名古屋編）

- 8:30 東京発の新幹線に乗る
- 10:10 名古屋到着
- 10:30 覚王山カフェ①
  カップケーキのみ
- 11:00 覚王山カフェ②
  ドーナッツのみ
- 12:00 覚王山カフェ③
  抹茶ラテのみ
  観光（ショッピング・お土産探しなど）
- 14:00 矢場町カフェ①
  フライドポテトとドリンク

- 14:30 矢場町カフェ②
  フロートのみ
- 15:00 矢場町カフェ③
  コーヒーのみ
- 16:00 栄カフェ①
  アイスクリームのみ
- 16:30 栄カフェ②
  コーヒーのみ
  そのままカフェで休憩
- 18:00 金山カフェ&BAR
  カクテル・軽食
- 20:00 名古屋発の新幹線に乗る
- 21:40 東京着

カフェで注文すべきメニューとお店の雰囲気がわかるアカウント」のほうが興味がわくと思うので、1軒のカフェでメニュー数を確保することに重きを置いていません。私の場合、カフェを1軒増やすと、内装・外装の写真も撮れるので、最低3アングル（内装・外装・フード）の写真が確保でき、フォロワーの方に与える情報の質が圧倒的に上がります。

「自分が見てみたいと思うものをつくること」がインスタグラムでフォローしてもらうための近道です。この名古屋編の場合は、1日の行動プランで27枚の写真が確保できたので、1ヶ月分の写真のネタを先につくることができました（私は3日に一度の投稿ペースなので、3枚×9日分で約1ヶ月分となります）。後はそれを、自分の中で決めた日にち・

時間帯に投稿するだけです。

## ☞ リアルタイム投稿ではもったいない！

　「投稿する写真は過去に体験したこと」。実は発信をお仕事にしている人の中では常識なのです。リアルタイムで更新してしまうのはむしろ、とてももったいないです！　先ほどの公開タイムスケジュールのように、撮りだめをする場合が大多数で、それを細かく投稿していき、毎日どこかしらに出かけたかのような発信をする。発信さえ滞らなければフォロワー数は増やすことができます。インスタグラムをはじめるから毎日おしゃれな暮らしをしないといけないという発想は今日で終わりにしましょう。

　今回は、あくまで私の例なので、カフェ巡りをメインにお話ししましたが、何をテーマに選んでも同じことです。1日1枚ずつ写真を撮って更新していくのか、週末に投稿内容をまとめて撮影するのか、あるいは週に2回撮りだめの日を確保するのか。あなたが一番続けやすい方法ではじめてみてください。

# 04
# テキスト挿入で
# オリジナルコンテンツをつくる

　よく見かける「文字入りコンテンツ」。特にメディアの人気アカウントでは、写真を投稿するというよりも、写真に文字を加え、読みものとしたコンテンツ画像として、発信される傾向が多く見られます。

　これには、フォロワーを増やす上で好条件な理由があります。複数枚投稿や画像そのものに文字を入れることで、「1投稿あたりの滞在時間が伸びること」が、良質なアカウントとしてみなされ、タイムラインに上がって来やすいという仕組みとなっているからです（3章08「インスタグラムはストック型メディア」でもアルゴリズムについてお話ししましたが、この部分も解析されています）。

　この法則を利用して、1投稿に対して、複数枚を投稿できるほどの、撮りだめがある場合（最大10枚まで）1投稿をひとつの雑誌のようなコンテンツとして紹介する方法がオススメです。

　ここで、そういったテキスト挿入をしてみたい方向けにオススメのアプリもご紹介します。私の一押しは「Phonto」です。

　私は、とにかくパソコンでの編集が嫌いなので、スマホで文字入れや画像編集ができるアプリがないかとずっと探していたところ、ようやく巡り合えたのが、このアプリでした。

　また、動画に文字を入れたい場合は「InShot」というアプリがオススメです。しゃべるタイミングに合わせてテロップも入れることができるので、TikTokのような動画も簡単につくれてしまいます。また、キャ

## 文字入りコンテンツをつくってみよう

「Phonto」を使ってテキスト挿入!

キャプションに入れるお店の情報を画面にも載せて、
見ている人の滞在時間を長くしよう。

ンバスの部分を9:16にするとストーリーズ用の画像も作成できます。私が今、一番重宝して使っているアプリなので、文字入れ加工が自分のテーマにぴったりマッチするという方は、ぜひ使用してみてください。

　1投稿をどんどん良質な投稿にして、同じテーマのアカウントと差別化していきましょう。

CHAPTER

# 6

投稿順序で
世界観をつくる

The New Method for Instagram

# 01

## 投稿の順番、考えていますか？

　意外と見落とされがちなのが「投稿順序」です。写真を「撮影した日付順」に投稿してしまっている人はいませんか？　インスタグラムでは、「プロフィールページから見返した時に、写真の並びが整っていること」、つまり「写真全体の統一感」も重要になります。特に、この作業は企業や代理店からお仕事をもらう上で、一番大事と言っても過言ではありません。

「お仕事へつなげる上で、とても重要である」ということを念頭に置き、まずあなたに求められることは、「フォロワー数を増やすこと」なのですが、この作業はその上でも大変重要です。なぜかというと、4章03「フォローしたいと思われるプロフィール文」でもお話ししましたが、この写真の並び順もフォローするか否かの一瞬の判断材料になるからです。

　私は、どんな経路にしても、プロフィールページをのぞいてくれた方が、その1回の機会でフォローしたくなるように、自分で整理できる部分はとことん整えてきました。

　なぜなら、いいなと思う写真を1枚見た後、その人のプロフィールページに飛び、全体の投稿内容をさらっと見た上でフォローするかを判断するからです。しかし、そこには明確な基準がありません。

##  全体の統一感がフォローの決め手

　フォローするアカウントとして選ばれるためにも、写真の順番を整えておきましょう。自分に置き換えた時に、フォローするかどうかの判断材料として、プロフィールページの写真の並びを意識している方は少ないかもしれません。ですが、実際のところ、ライフスタイル投稿以外のアカウント（つまり、これからあなたが投稿していく専門性のあるアカウント）で、全体の統一感がないにもかかわらず、多くのフォロワーを抱えているアカウントは見たことがないのです。

　フォローされる環境を整えていく中で、マイナスになり得る要因を消していくことが、短期間でたくさんのフォロワーとつながる近道になりますし、こうした一つひとつの小さなこだわりが、必ず大きな結果に結びつきます。

　また、このこだわりは、既存フォロワーの方へ向けても意味があります。3章08「インスタグラムはストック型メディア」でお伝えした「関心度の高さの測定」にもこの話が関係しているのです。統一感なくばらばらな並び方をしていたら、一つひとつほかの投稿を見てみようとはなりません。

　また、アルゴリズムの観点を除いたにしても、「何度でも見返してもらえるアカウント」をつくることは、結果として自分のアカウントをフォローし続けてもらうために重要だと思っています。インスタグラムは一度フォローしてもらえたら、フォローが継続される保証はありません。価値のあるアカウントにしておかないと、いつでもフォロワーが離れてしまう可能性があるのです。

私がインスタグラム漬けだった１年間、写真を撮影しに行く時間以上に、投稿順を考えることに一番時間を取られていました。どの９枚を表紙（１枚目）とするかというところから、その９枚の並べ方を考えるのに合わせて５時間ほど試行錯誤し、それでも納得いかずに次の日に持ち越し、なんてこともありました。「たった９枚の写真を選ぶだけで、５時間は大げさすぎる」と思われそうですが、これは大げさではなく、日常茶飯事でした。しかし、並べ方までも考え抜いて投稿してきたからこそ今の自分があると思っています。そんな日々の試行錯誤を繰り返した中で、ようやくたどり着いた並べ方の法則も公開していきます。

# 02
# センス不要！
# パターンと構成の考え方

　それでは、さっそく「プロフィールページの統一感がある並べ方」について説明したいと思います。まず、投稿順の配置を考える上で重要なことは、プロフィールページに出てくる上から9枚（最新の投稿から9枚）を整えることです。

　9枚の写真を1区切りとして考え、さらに、横3列の並び順が重要となります。9枚の投稿後の順番は147ページの図を見てください。この9枚を使ってどのように配列するかで、驚くほど見栄えのいいアカウントに変わっていきます。

## ☞　3つのパターンで考える

　まず大枠として、色味で考えるか、構図で考えるか、テーマで考えるかの3択になります。そこからさらに、①格子状、②横3列、③縦3列に分類されます。

　ここでいう構図とは、"引き"で撮るか"寄り"で撮るかというような2パターンのアングルで区別します。テーマは、自分で決めたテーマの中から2つのコンテンツをつくり、各コンテンツを1テーマとして差別化するという考え方です。これから投稿する内容によって、適切な型を選んで投稿していってください。

　ではさっそく、解説していきます。ここからの説明は、巻頭カラー7ページの私の投稿写真と共に見ていただければと思います。147ページ

の9マスの並べ方解説の図も合わせてご覧ください。図1の場合、「色×格子」となります。格子状にグレー系の写真が並べられていて、残りの5枚は、上下・左右の写真に含まれる色をキーカラーとした配列で並んでいます。

図2の場合、「色×横3列」になります。真ん中横1列はあえてブルー系の写真で統一し、上下の列は図1と同様、上下・左右の写真に含まれる色をキーカラーとした配列で並んでいます。

図3は「テーマ×格子」で考えたパターンです。格子状に「自分×お店」の配置となっており、残りの5枚はフードがメインの写真となっています。

たまにイレギュラーとして、隣り合わせの色味を優先することもありますが、基本は図1〜図3の構成で成り立っています。

私の写真は全体的にカラフルであるのと、2つのコンテンツがあるため、構図から入ることはほとんどないのですが、全体のトーンを統一していて、ひとつのテーマで発信し続ける方の場合は、構図配置でまとめると統一感が一層出ます。

## ☞ 格子状の投稿が統一感をつくる

あなたにはぜひ、ひとつのテーマに対して、2つのコンテンツをつくって発信していただきたいと思っています。

例えば、3章06「オリジナルコンテンツのつくり方」でお話ししたような、料理のテーマで毎回決まったアングルで撮影する場合は、ここでお伝えしたような写真の順番や構成は関係なく、毎回同じ構図となることもあり得るので、更新する内容によっては、このテクニックを使わない方も出てくるかもしれません。ですが私は、ひとつのテーマから2

## パターン構成の３つの考え方

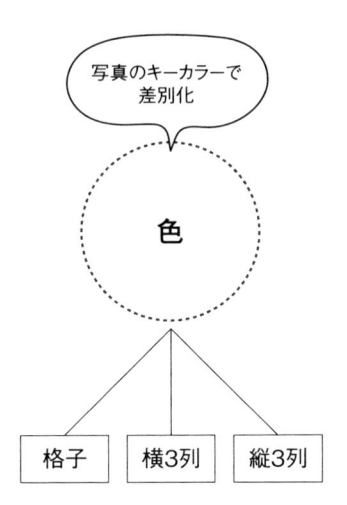

写真のキーカラーで
差別化

色

格子　横3列　縦3列

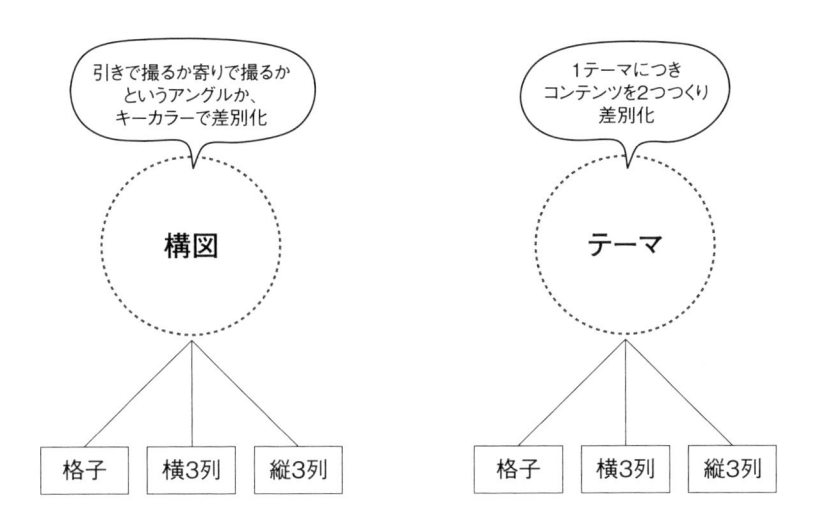

引きで撮るか寄りで撮るか
というアングルか、
キーカラーで差別化

構図

格子　横3列　縦3列

1テーマにつき
コンテンツを2つつくり
差別化

テーマ

格子　横3列　縦3列

つのコンテンツを持って格子状に投稿していく方法が、後から見返した時もきれいですし、フォローしてくれた方を飽きさせないためにもオススメします。

　もし、私が料理のテーマで発信する場合であれば、料理動画のコンテンツと便利なキッチングッズのコンテンツをつくって、格子状で並べます。「なんだか写真の統一感が出ない」とお悩みの方は、ぜひ一度試してみてください。

　また、この時に注意してほしいのが、「穴埋め的な写真は投稿しない」ということ。全体の構成を考えるあまり、「コンテンツとしては成り立っていないけれど、写真としてここにこの画像を入れたい」ということが起こると思います。しかし、内容のない写真を投稿することは、ご法度です。素材のような投稿が多すぎると"ライフスタイルアカウント"になってしまうからです。あくまで、１投稿の中に自分で決めたテーマの情報をふんだんに詰め込み、その中で配置を考えて発信してください。

# ９マスの並べ方解説

### 図1　色×格子

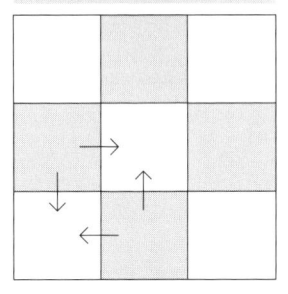

☐ グレー系の写真と
☐ 上下左右の隣り合わせの
　写真に含まれる色が入った写真

### 図2　色×横3列

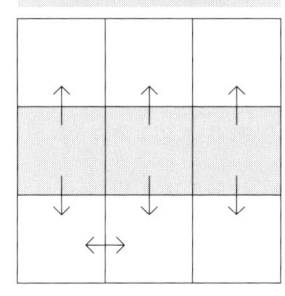

☐ ブルー系の写真と
☐ 上下左右の写真に含まれる
　色が入った写真

### 図3　テーマ×格子

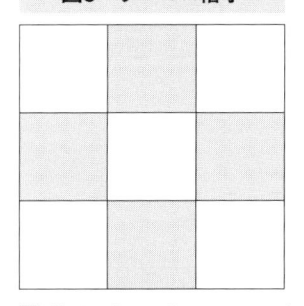

☐ 私がお店と一緒に写った写真
☐ フードの写真

色の変化がなく、ひとつのテーマで発信している方は、
構図配置（引きアングル、寄りアングルの差別化）で
格子状に置くとベストです！

巻頭カラー7ページ参照

# 03

## 「下書き保存」機能を使いこなす

「下書き保存機能」を、下書きをするためだけに使っていませんか？
下書き保存の本来の使い方とは、投稿の準備をしている最中に、途中で
保存したくなった時やクリックひとつで投稿が完了するように、事前に
準備しておくためでしょう。

　しかし、ここでは前項「センス不要！　パターンと構成の考え方」を
基に、この下書き機能を実際に投稿したらどういう見栄えになるのかを
確認するために使っていく方法があります。では、下書き保存機能の使
い方をお伝えしていきます（150ページの画像説明参照）。


① 直近で投稿したい写真をスマホのデータ内でフォルダ分けする。

　　　フォルダに分けるのが面倒な方は、そのままでもいいですが、後々
　　の作業で楽なのでインスタグラム用の新規フォルダをつくることを
　　オススメします。

② インスタグラムを開き、真ん中下の十字キー（投稿する際のマーク）
　　を押す。

　　　iPhone の場合は、真ん中上にカメラロールという表記が出てくる
　　ので、ここをタップすると、フォルダがいくつか出てきます。ここで、
　　先ほどつくったインスタグラム用のフォルダを選択すると、たくさ
　　んの写真から探し出さなくていいので楽です。

③ 写真を選んで右上の「次へ」ボタン。

④ フィルター設定が出てくるので、そのまま「次へ」ボタン。

　　　ここまでは、通常の投稿と同じ流れです。

⑤「キャプション」を書く画面で、「あ」と一文字打って右上の「OK」ボタンを押す（文字は何でも大丈夫）。

⑥ 左上の矢印マークを２回タップ。「下書きを保存」or「破棄」の選択画面→「下書きを保存」を選択。

⑦そうすると、プロフィールに戻って真ん中下の十字キー（投稿ボタン）を押した時に「管理（１）」と表示され、保存した写真のタブができあがります（カッコ内の数字は保存枚数です）。

　これを、前項で考えたレイアウトに沿って、投稿順に保存を繰り返すと、投稿後のプロフィールページにどのような配列で並ぶかを確認することができます。ここで一度計画通りの並び順にしてみましょう。

　そして、152ページ図１を見てください。インスタグラムの更新順は、右から左、下から上へ新しい順に並びます。下書き保存機能は、最初に本来の使い方を説明した通り、一旦保存をした写真の中から、直接インスタグラムへ投稿することができます。ですが、ここに落とし穴があるのです。

### ☞　下書き保存からの投稿に注意！

　仮に、152ページ図１の７番の写真を下書き保存から投稿したとしましょう。そうすると、図２のように７番の写真は下書きから消え、８番以降の写真は本来のレイアウトとずれた配置になります。図１で確認したように、12番の配置までできあがった後に、７番を投稿した場合は、そのまま８番から12番までの写真を下書き保存から投稿してもいいのですが、12番まで投稿しきった後、下書き保存に残る写真は、１～6のみの写真となりますよね。

# 下書き保存機能の使い方

① スマホの写真ア
ルバムに「イン
スタグラム」の
フォルダをつくっ
ておく

② インスタグラム
の投稿ボタンを
タップ

③ フォルダを開き、
写真を選択して
「次へ」

④ フィルター設定
せずに「次へ」

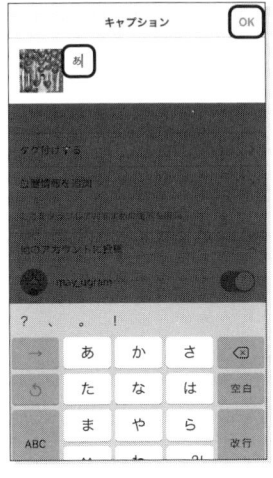

⑤
なんでもいいの
で文字を入力す
る

⑥
左上の矢印を2
回タップして「下
書き保存」する

⑦
プロフィール
ページから投稿
ボタンをタップす
ると、下書き保
存が見られる。

# 下書き保存から投稿はしない

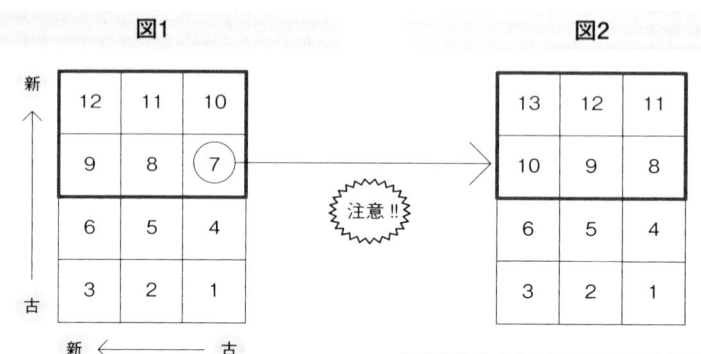

図1

下書き保存を繰り返すと、下書きページに自分の
プロフィールページに並べたい配列ができあがる。
図の番号は投稿の順番。インスタグラムは、右から
左へ更新され、下から上に写真が積み上がる。

図2

下書保存の中の写真をそのまま投稿することは
できるが、7の写真を下書きから投稿すると、7の写
真は下書き保存から消え、8以降の写真は本来の
レイアウトとずれた配置になるため、13番以降のレ
イアウトを考える際に参考にならなくなる。

> つまり、下書き保存からは投稿せず、レイアウト確認としてのみ使うことが、
> 二度手間なく投稿する方法！

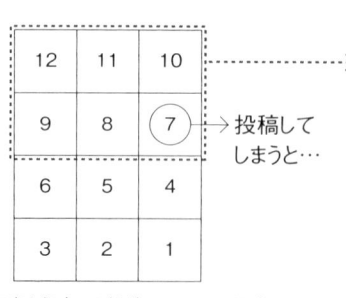

→ 投稿して
しまうと…

間違って下書き保存から投稿してしまった場合は、
以降の画像をすべて削除し、今回下書きから投稿
してしまった写真をもう一度下書き保存してから以
降の写真を並べていく。

### 下書き保存した
### 写真から投稿すると

8以降の下書き写真を
いったん削除して、
7を下書き保存し直してから
8〜12も下書き保存をして、
13以降のレイアウトを考えないと
いけないことに……。

そうすると、13番以降の写真を投稿する際に、7～12番の写真をまたイチから下書き保存して、13番以降のレイアウトをつくらなければ、プロフィールページに並ぶ配置の仮確認ができない。ということになります。投稿する度に、過去の写真を下書き保存し直すのは、面倒ではないでしょうか。

　ですから、私のオススメは、下書き保存機能はレイアウトの確認のみに使い、この配置で投稿すると決めたら、新規作成から順番通りの写真を投稿することをオススメします。

　一度投稿してしまったら、後で並び変えることができないので、事前に下書き保存機能を使って、今後投稿していく写真の配置を設定しておき、投稿日に新規作成から文章を書いてシェア、というような進め方をインスタ投稿のルーティーンにしてしまいましょう。

## ☞　こだわりのプロフィールページでフォロワーは増える

　また、すでにインスタグラムに投稿をしている方で、これから心機一転新しくレイアウトを考えようと、下書き保存をするという場面で、「過去に投稿した写真とのつなぎ目を確認したいのに、過去投稿の元画像はもう消してしまっている……」という方のために、復元の方法をお伝えします。

　復元と言うと大げさに聞こえますが、すでにインスタグラム内で投稿した写真をスクリーンショット（スマホ上の画面を保存すること）してから下書き保存機能で並べれば大丈夫です（あくまで、プロフィールページに表示させる写真の並び方を確認するためなので）。

　1枚投稿するたびに、自分のプロフィールページが見栄えよくできあがっていけば、たまたまプロフィールページをのぞきに来てくれた方を取りこぼすことなく、フォロワーを増やしていくことが可能です。

「下書きでレイアウトを考えるなんて面倒。どんどん投稿していけばいいのでは？」と思われた方もいらっしゃるかもしれません。ですが、正直なところ、ここまでこだわって更新することができれば、"インスタグラムでやっていける人"になれます。

　もちろん、ただ写真の並びをこだわるだけではダメです。あくまで、相手目線の見やすさと統一感が重要になります。自分の強みを活かしたテーマをしっかりと考え、コンテンツを生み出し、プロフィールも整え、ハッシュタグの精査とコミュニケーションを行なう。そこに、写真の並びまで完璧となれば、案件が来ないなんてことはあり得ません。あなたは、ただインスタグラムで発信するだけでなく、フォロワーを増やして、お仕事をつかみ取りにいく人になるので、とことんこだわり抜いた投稿をしてくださいね。

「mayu のプロフィールページ以上にすごいページができたよ〜！」という方は、ストーリーズでご自身のプロフィールページをスクリーンショットして、@may_ugram をつけて投稿してください！　すぐ見に行きます！

# 04

## プロフィールページを
## 見直してこそ一流

　ここまで、写真投稿の順番についてあれこれお話ししてきましたが、ここでさらに細かいことを言わせてください。「もう、これ以上は覚えられない〜」「もう面倒なのは嫌〜」という声もあるかもしれませんが、あなたのためにも続けます！

　本章02「センス不要！　パターンと構成の考え方」のところで、横３列の配置が重要であるということをお話ししましたが、レイアウトも完璧に決めて、投稿後のイメージも下書きで確認して、さぁ投稿というところで、考えておくことがひとつ抜けています。勘のいい方はすでにお気づきかもしれません。そうです。"ズレ"が生じるのです。

　ここでいう"ズレ"とは何かというと、３の倍数の投稿時には、横３列は自分で決めたレイアウト通りの並びになります（160ページ①）。ですが……、仮に投稿枚数０の方が投稿しはじめたとすると、４番目の投稿時には、写真が横３列に並ばず、１番目の写真が下の段に下がってしまうのです（160ページ②）。つまり、自分で考え抜いてつくったプロフィールページの配列に収まらないのです。

### ☞ ３の倍数投稿までの対策にアーカイブ機能

　これが、相当ややこしいところです。インスタグラムの投稿配置が、更新ごとに横３列が常に固定されているとか、３投稿を連続で発信する場合（あまりオススメしません）は悩むことはありません。また、「３

の倍数の投稿時には揃うのだから、そこまで気にしなくてもいいのでは？」という声もあるかもしれません。ですが、これまで何度も、「一つひとつの小さなこだわりは、必ず大きな結果に結びつく」と、お伝えしてきました。

　ここでも同じです。3の倍数の投稿時にはきれいなプロフィールページができていたとしても、それ以外の時に、プロフィールページへの訪問者がたくさん来てくれたとしたら……。どうでしょうか？　今までの苦労が水の泡ですよね。もったいないことです。そうならないために「アーカイブ機能」を使ってズレを解消しましょう。

　アーカイブ機能とは、簡単に説明すると、一度投稿した写真を消さずに「下書き保存に戻す」機能です。
　アーカイブ機能の使い方も、念のため紹介します（右ページ画像）。

① アーカイブしたい投稿を開く
② 画像右上の「…」ボタンをタップ
③「アーカイブする」を選ぶ

　そうすると、自分のプロフィールページから選択した画像が非表示になります。元に戻したい時には、自分のプロフィールページの右上の「…」から「アーカイブ」をタップすると、アーカイブされた画像一覧が出てくるので、写真を選び、「…」ボタンから「プロフィールに表示」を押します。

　まれに、時計マークをタップしたのに、アーカイブしたはずの画像が出てこないということがあります。そんな時は焦らずに、以下の方法をお試しください。

## アーカイブ機能の使い方

① アーカイブしたい投稿を開く

② 右上の「…」ボタンをタップ

③ 「アーカイブする」を選択

アーカイブした写真一覧を見るには、プロフィールページ右上の「…」をタップ

時計マークで出てこない時は、「アーカイブ」の文字の右横にある矢印マークをタップして「投稿アーカイブ」を選ぶと出てくる

① 時計マークを押した画面上の文字を確認する

② ストーリーズアーカイブ・投稿アーカイブ・ライブアーカイブと３つの選択肢が出現する

③ 投稿アーカイブを選択

これで、プロフィールページにアーカイブした写真が表示されます（ちなみに、ストーリーズアーカイブのほうを選択した場合には、過去に投稿したストーリーズ画像のハイライトを確認することができます）。

## 👉 いつ、何をアーカイブするか

アーカイブする時に重要なことは、２つあります。まずは、いつアーカイブするのかということ。次に、何の写真をアーカイブするのかということです。

いつアーカイブするのかという点は、写真の順番が３の倍数の投稿時以外の時です。

そして、何の写真をアーカイブするかは、最新から２列下の写真で、保存数が少ないものをアーカイブするのです。そうすると、最新の２列は揃わないですが、１〜６以降の写真は本来のレイアウト通りの並び方になります。

なぜ、２列下の写真で、保存数が少ないものをアーカイブするかというと、直近の画像をアーカイブしてしまうと、ハッシュタグ検索から消えてしまい、フォローしてもらえるチャンスを失うからです。また、保存数が多いものは、それだけ様々な方のアカウント内に写真が保存され、いつそのストックを見てもらえるかがわからないからという単純な理由と、それよりも重要な点として、保存した人が仮にあなたをフォローしていなかった場合でも、あなたの写真をよく閲覧している場合

は、検索の部分でも表示されやすいからです。

　つまり、保存した写真を見る際に、あなたのプロフィールにも行き、ほかの写真を見ることが多ければ、「発見」のタブに出やすくなるため“フォロワー予備軍”となるのです。こういった機会を逃さないためにも、アーカイブする写真は保存数の少ないものを選んでください。

　またインスタグラムは検索した時に、「トップ」と「最新のトップ投稿」のカテゴリに分かれた並び方で新しい投稿からも検索結果として表示するため、まだ新しい画像をアーカイブしてしまっては、もったいないのです。

　つまり、４枚目を投稿してずれた時は、１・２・３のどれかからアーカイブするのではなく、その２列下の列（160ページの例では５・６・７）からアーカイブしておいてください。そして、５枚目を投稿した時にもその列で選んでいない２つのうち１枚をアーカイブします。そして６枚目の投稿が終わった時、晴れてアーカイブしていた２枚を戻し、３列が完成するわけです（アーカイブから投稿を戻すと、元の位置に戻ります）。

　文字で説明するとややこしく聞こえますが、要は、自分で決めた構図がずれないようにするために、最新から見て、２列下の写真をずれた分だけアーカイブし、３の倍数の時に戻すということです。実際やってみると単純でかつ、簡単です。「いつ誰がプロフィールページを見に来てくれても、きれいな配置を保つ」これだけなのです。

# アーカイブする投稿の決め方

※今回は、9枚の写真を1セットとし、次の1セットを積み上げる時の解説です。

## 1 本来のレイアウト

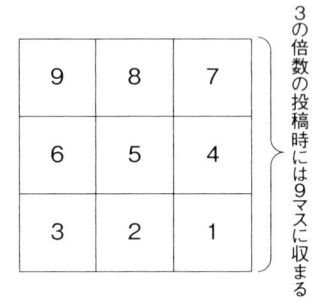

3の倍数の投稿時には9マスに収まる

## 2 4番を投稿することで、配置がずれる

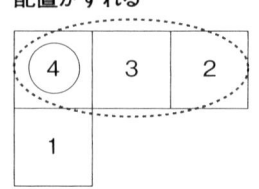

## 3 アーカイブする投稿を選ぶ

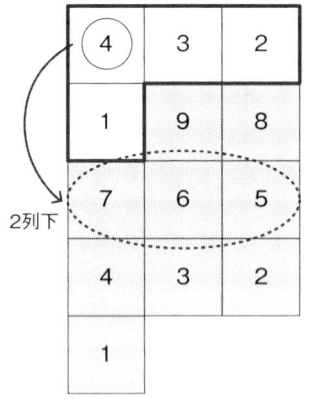

2列下

4の写真が投稿されると左図のようにずれる

①2列下の投稿をアーカイブ

②その中で保存数の少ない写真を選ぶ（今回は7とする）

## 4 2列下が揃う

| 4 | 3 | 2 |
|---|---|---|
| 1 | 9 | 8 |
| 6 | 5 | 4 |
| 3 | 2 | 1 |

最近の投稿はアーカイブしない

### 5 5の写真を投稿する時

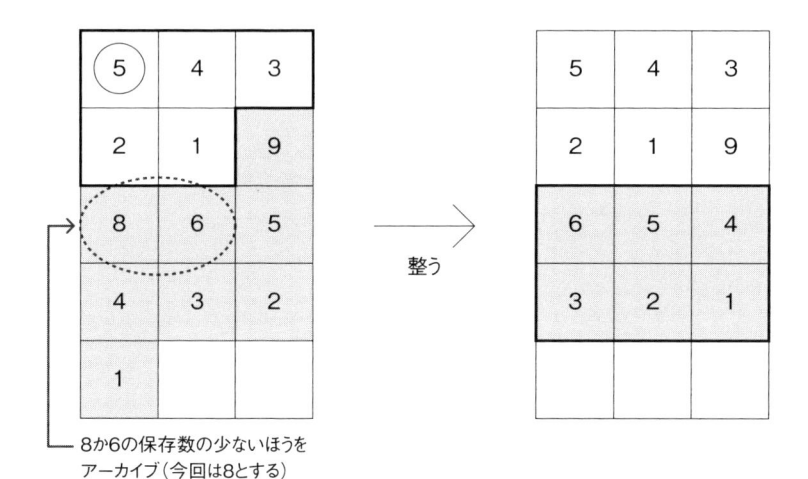

整う

8か6の保存数の少ないほうを
アーカイブ（今回は8とする）

### 6 6の写真（3の倍数）を投稿した時

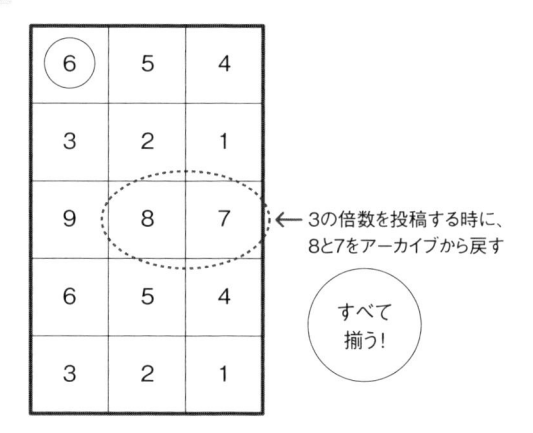

←3の倍数を投稿する時に、
8と7をアーカイブから戻す

すべて
揃う!

CHAPTER

# 7

つながりが
成功のカギ

The New Method for Instagram

# 01
## 自分の投稿内容に近い メディアを探す

　ここでは、メディアへのタグ付け（投稿写真に直接タグをつけること）と、独自ハッシュタグについてお話ししたいと思います。

　私は、メディア系の会社に勤める知り合いがゼロでしたが、インスタグラムの投稿だけで、30社以上の露出に成功しました。もちろん、広告費をお支払いしたことは一度もありません。

　ここでいうメディアとは、総合情報サイトのことです。つまり、自社の製品や情報だけを発信している企業ではなく、多種多様なものを情報として取り扱い、発信している企業のことを指します。ハッシュタグでの施策が目立ちすぎて、軽視されがちなタグ付けですが、ハッシュタグとは違って企業側へダイレクトに認知してもらうことができるため、この威力は本当に侮れないのです。あなたもタグ付けをしっかり使って、自分の投稿内容を1社でも多くのアカウントに認知してもらい、オファーを受けましょう。

### ☞ 自分の存在に気づいてもらう

　まず、タグ付けとは、本来写真に対しての情報を補足するものになるので、写真から読み取れる場所や商品、友達のアカウントを紐づける行為が通常です。そこで私がプラスして実践していることは、自分から仕事をつかみに行くためのアプローチです。つまり、「自分の存在に気づいてもらうため」に、タグ付けを使っていました。

　「いつかどこかの会社から声がかかるかもしれない」と、"待ちの姿勢"

ではなく、1投稿するごとに、自分の発信内容に興味を持ってもらえそうなメディアと露出したい道（キャスティング会社、雑誌、出版など）やほしい仕事に合わせて、自分がアピールしたい（つながりを持ちたい、知ってもらいたい、仕事がほしい）と思っている企業の公式アカウントすべてにタグ付けをしてきました。

　企業の公式アカウントを自分の投稿にタグ付けすることは誰でもできます。企業の公式アカウントをタグ付けすると、その公式アカウントへ通知が届き、そのアカウント内でタグ付けされた投稿が表示されるページに自分の写真が掲載されます。

　タグ付けされた写真をタグ付けページに掲載するかどうかは、タグ付けされた相手が選択できるようになっているので、企業によっては非表示にしているところもありますが、タグ付けした時の通知のインパクトと、タグ付けページに掲載されればラッキーなので、どんどんタグ付けしていきましょう！

　また、応用編として、メンション（投稿文にユーザーネームをいれること）を入れて発信すると、さらに相手への通知画面にインパクトが与えられるので、文中にメンションを入れることもオススメします。

「タグ付けするだけで、仕事がもらえるようになるとは思えない」と思う方が多いと思いますが、この章に行きつくまでにお話しさせていただいた内容を基に、戦略的に発信していけば、必ず声がかかります。一番大事なことは、最初に決めたテーマから軸をぶらさずに発信し続けること。そこに、自分の発信内容と共通のあるメディアのタグ付けをすることで、自分のアカウントがどんどん認知されていくようになるのです。

# タグ付けとメンションの効果

## タグ付け

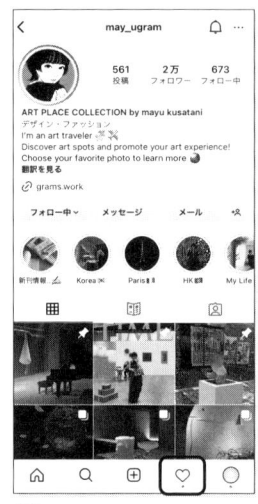

① 相手のプロフィールページ
に「タグ付けマーク」が通知
される

② 「いいね!」のお知らせと同
等の表示がされる

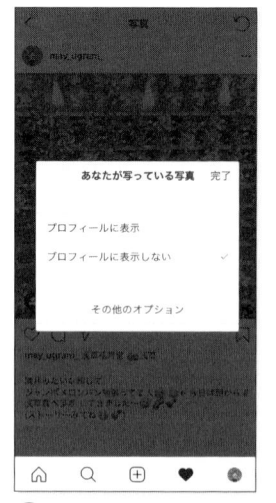

③ すると相手(メディアや企
業)がアカウントのタグ付け
ページに載せてくれるかも
しれない!

## メンション

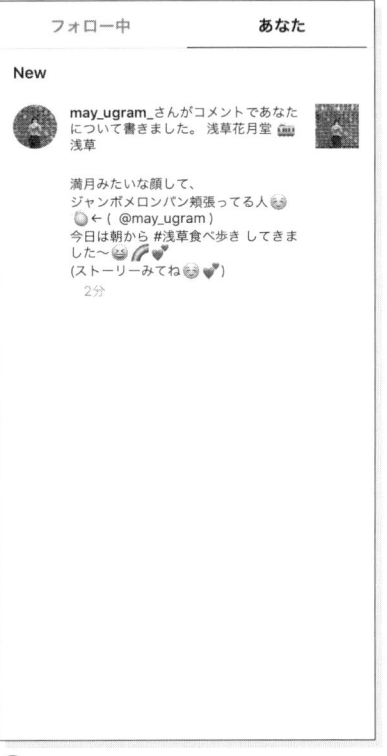

① 本文中にユーザーネームを入れると、相手に通知が行く

② 相手のアカウントに「〇〇さんがコメントであなたについて書きました」と通知され、「いいね!」やタグ付けよりも大きく(投稿文ごと)お知らせされるので、大きなアプローチとなる!

## ☞ メディアの探し方

　まずは、タグ付けするメディアの探し方を説明します。それぞれ自分のテーマに沿って、検索の人物の部分にキーワードを入れていきましょう。私の場合は、「ファッション×カフェ×トラベル」なので、そのまま３つのワードを入れてみると、

「ファッション／ fashion」→ファッションマガジン、ファッションメディア、ファッションイラスト、ファッションアプリなど

「カフェ／ cafe」「グルメ／ gourmet」→カフェマガジン、カフェメディア、グルメメディア、暮らしメディア、お出かけメディアなど

「旅、トラベル／ travel」「トリップ／ trip」→旅マガジン、旅メディア、旅行会社、旅番組、女子メディア、海外メディアなど

　このように、キーワードを入力するだけで様々なメディアアカウントがわかるのです。その上で、例えば、東京都内をメインに発信しているのであれば、「東京」と入力してみると、東京関連のメディアがたくさんヒットします。また、雑誌社の運営するウェブマガジンも編集部の方に見つけていただけるチャンスが眠っています。ちなみに私はファッション誌の旅企画とカフェ雑誌にも誌面でご紹介いただくことができました。

　どのメディアをタグ付けするかの判断基準として、メディア側が独自のハッシュタグをつくって、アカウントに掲載する写真を常に募集して

いるところからタグ付けをはじめていくことがオススメです（この独自
ハッシュタグは、メディアのプロフィールページか毎回の投稿文に記載
されています）。

　メディアがアカウントに掲載する写真を常に募集しているかどうか
は、そのアカウントの投稿写真に、タグ付けもしくは、投稿文にメン
ションをつけ、「photo by @may_ugram」のように、毎回違うアカウン
ト名が記載されていれば、一般人の写真を二次利用しているアカウント
だと見分けがつきます。


　メディア側も、自社で撮り下ろした写真を使って発信することより
も、発信者の写真を使って投稿するほうが、認知が広がりやすい上に
フォロワー数も集めやすいので、積極的にアカウントに掲載する写真を
探しているのです。

　タグ付け・独自ハッシュタグ・メンションのアプローチから実際に企
業のアカウントに載ることが決まった際には、企業の公式アカウントか
らあなたへ直接 DM メッセージか、あなたの投稿のコメント欄にメッ
セージが届き、掲載許可を確認されます。そこであなたが OK を出せば、
晴れて企業の公式アカウントへ写真が掲載されるという流れです。

### ☞ 写真提供は積極的に行なおう

　今後、タグ付けしたことのない企業から写真掲載の依頼が来ることも
増えると思います。そういう時は、あなたにとって載りたいメディアで
あれば、積極的に使用してもらいましょう。

　掲載してもらうことで、報酬は発生しませんし、1 度掲載してもらえ
たからといって、爆発的にフォロワー数が伸びることもないですが、何
度も載っていくことで、各メディア界隈で知名度を上げることは可能で

す。自分のアカウントよりも多くのフォロワーを抱えているのがメディアアカウントの特徴なので、積極的に活用してひとりでも多くの方に自分のアカウントを見てもらえるように動きましょう。

　基本的には、ユーザーネームを載せてもらえますが、載せてもらえるかどうかが曖昧な時は、必ず担当の方に確認したほうがいいでしょう。たったひとつのタグ付けから、自分のアカウントが認知される可能性をどんどん広げていけるので、まずはテーマに関連したメディア探しを積極的に行なってください。


　また、プロローグでお話しした、アンバサダーを募集しているメディアを見かけたら、積極的に応募しましょう。最初は不採用という悲しい結果に終わった私でしたが、その後、たくさんのメディアアカウントからアンバサダーのオファーを受け、そこからお仕事につながることも多々ありました。そういったチャンスを見かけたら、積極的につかんでいくという姿勢も、タグ付けと同様に大事です。

# 02

# 意味のあるハッシュタグの選び方

　私が一番よく相談を受けるのが「ハッシュタグ」に関してです。あなたもよくわからないからと、とりあえず「#tokyo」や「#カフェ」などの単語を羅列していませんか？

　まず、英単語を並べていた方は、今すぐやめましょう。なぜかというと「数分後には検索に引っかからないから」です。この"数分後"という点がポイントです。一見、投稿件数が多いハッシュタグのほうが、多くの検索ヒットにかかりそうですよね。しかし、これがハッシュタグでやりがちな失敗例です。つまり、投稿件数が多ければ多いほど人気だから検索ヒットにかかりやすいというものではなく、多ければ多いだけ「見つけてもらえない」ということを理解してください。

　ハッシュタグは、「自分が調べたいものを検索するために使用する」と考えるとわかりやすいかもしれません。例えば、「#東京」だと2,800万件以上の投稿があります（2023年7月現在）。このように、1,000万件以上投稿されているようなハッシュタグで投稿をしても、誰かに見つけてもらえることはそうありません。投稿して10分も経たないうちに、随分と過去の投稿のように、何スクロールもしないと発見できなくなるのです。

　ここで一度、自分が検索する側になって考えてみてください。今度、東京観光をすることになったとします。インスタグラムで行きたい場所の検索をしようと思った時に、「#東京」と検索しますか？　確かに、「東

京」と検索すれば、東京の雰囲気や超名所の東京タワーなら出てくるかもしれません。しかし、通常は、東京に旅行したいのであれば、例えばエリアでいうと「＃浅草」だったり、さらに浅草でランチを食べたい場合は「＃浅草ランチ」と検索しませんか？　具体的な内容になればなるほど、知りたい情報が得られますし、もちろん登録されている写真の件数も少なくなります。つまり私達も、「抽象度の低い、より具体的なハッシュタグ」を攻めていきましょう！　ということなのです。

## ☞ ハッシュタグの4つの選び方

　件数でいうと、10万投稿以下のハッシュタグで固めるのが理想なのですが、1投稿につけられる30個すべてをそういったハッシュタグにしてしまうと、まったく検索されないタグばかりになってしまう可能性もあるので、10万投稿以下のハッシュタグを8割、それ以上のハッシュタグを2割と設定してハッシュタグを選定してください。

　しかし、その2割に、「#tokyo」などは必要ありません。多くても100万投稿以下で、できれば50万前後のハッシュタグを選びましょう。

　ハッシュタグの内容のポイントは、以下の通りです。

### ①撮影した場所・店舗と関連のあるワードを入れる（英語・日本語・略称など）

　店舗や商品を撮影した場合、その名前から投稿数の上位5位までのハッシュタグを使用します。投稿数が1,000以下しかない場合は、2〜3つのハッシュタグで十分です。

### ②撮影した関連場所の範囲を広げていく

　例えば、表参道のカフェで撮影した場合。表参道の隣りにある青山や

渋谷、そして東京などと範囲を広げ、写真と関わる「その地域＋○○」というワードを探していきます（例：「＃青山ランチ」「＃東京カフェ巡り」など）。英語表記に関しても同様です。

## ③写真に写っている人やものを抽象化させ、コミュニティ性のあるものを取り入れていく

例：ハーゲンダッツのアイス

「＃ハーゲンダッツ」→「＃アイスクリーム」→「＃スイーツ」→「＃甘いもの」→「＃食べもの」

このように、ハーゲンダッツと関連する内容であれば OK です。検索幅を広げなければ、自分の写真は誰にも届きません。「＃アイスクリーム」と検索すると100万投稿以上あるため、8割のハッシュタグからは除外されるのですが、検索欄で「＃アイスクリーム」と入力した際に、青色の文字で書かれた「検索結果をすべて見る」をタップすると「＃アイスクリーム部」や「＃アイスクリーム屋さん」「＃アイスクリーム好き」などと、どんどん類似タグが出できます。ですから、自分で考えることも、有名なハッシュタグを知っておく必要もなく、撮影したものから関連するキーワードをどんどん検索してみて、類似タグを見てみましょう。

## ④メディア系タグ

前項「自分の投稿内容に近いメディアを探す」でお話しした内容に沿って、タグ付けするメディアを選んだならば、そのメディアが展開しているオリジナルタグをつけましょう。

このメディアタグのいいところは、検索されやすい点です。仮に、メディアアカウントにピックアップ（公式アカウントに掲載されること）されなかった場合でも、コミュニティに近いハッシュタグなので、その

メディアアカウントをフォローしているユーザーが積極的に検索する率が高く、「戻りのハッシュタグ」が１番多いのです。

「戻りのハッシュタグ」とは、私が命名した手法です。本来のハッシュタグのつけ方は、つけることを目的としている印象が強いですが、後から検索する人が多いハッシュタグを仕込むことによって、ハッシュタグ検索からプロフィールへの導線をつくり、閲覧数を一気に上げる方法です。

　検索から自分のプロフィールページに見に来てもらいやすいという点から「戻りのハッシュタグ」と名づけました。

　また、最先端を狙うという方法もこの「戻りのハッシュタグ」に大きな効果がでます。期間限定のカフェや展覧会にいち早く足を運んで参考になる写真を撮影し、これから行くことを検討される方のために発信するのです。

　オープン初日の場合は発信者の数も少なく、情報自体もレアなので、「いいね！」や保存にもつながりやすく、人気投稿に載る可能性も高まります。

　おそらく④の時点で30個近くのワードが出てきたかと思うのですが、「関連性のないハッシュタグを入れないと30個埋まらない」という場合は無理矢理入れなくて OK です。理由は次項「ハッシュタグの効果測定」にて説明しています。

## ☞ ハッシュタグは一度つくっておけばOK

　ここまでお読みになり、「ハッシュタグ探しって、毎回時間かかりそ

# 類似ハッシュタグの探し方

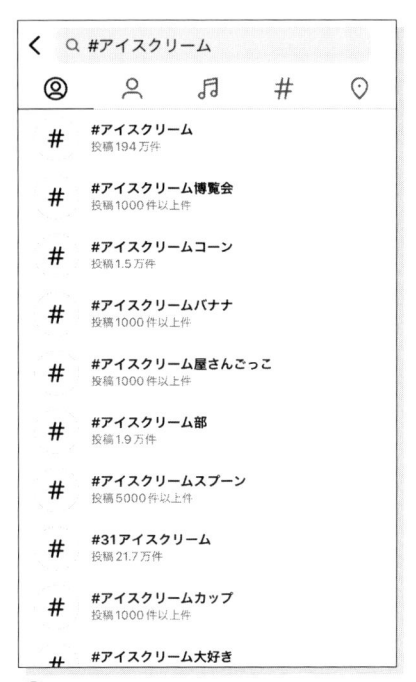

① 例 「アイスクリーム」をハッシュタグ検索してみる

② 青い文字の「検索結果をすべて見る」を押すと、類似タグがたくさん出てくる

う……」と不安に思われた方のために、先にお伝えしておきます。これらのハッシュタグは、毎回イチから考えなくていいのです。

例えば、同じエリアの場合は、一度投稿した写真を開いて、右上のボタン（3つの点マーク）をタップすると、上から3つ目に「編集する」というボタンが出てきます。これを選択し、ハッシュタグ部分をコピーして新しい投稿のキャプション欄に貼りつけてメンテナンスするだけなので、毎回全部変えなくて大丈夫なのです。

自分のテーマは多くても3つまでですし、コンテンツは2つに絞るというお話しをしてきたので、テーマごとのハッシュタグを一度つくり込んでおけば、コピペして少し修正していくだけです。

難しそうな印象を持たれがちなハッシュタグですが、その考え方が少しクリアになってきたのではないでしょうか？　自分のテーマにぴったりなハッシュタグを見つけたら、すかさずメモに保存しておきましょう。また、同じジャンルの発信アカウントで「伸びていそう」という投稿を発見した場合、その発信と同様のハッシュタグを見て、数値の変化を追ってみることもオススメです。

# ハッシュタグ選びの例

## 「浅草のカフェでメロンパンを食べている写真」

may_ugram

**よい例**

① **場所・店舗名（商品名）**
#浅草花月堂　#浅草花月堂本店
#asakusakagetudo　#ジャンボメロンパン

② **関連場所を広げていく+「その他の地域+〇〇」**
#浅草カフェ　#浅草グルメ　#浅草デート
#蔵前カフェ　#浅草橋ランチ　#東京カフェ

③ **人やものを抽象化**
人　#ボブヘアー　#ボブスタイル　#レッドカラー
もの　#メロンパン専門店　#パンスタグラム
#パン好きな人とつながりたい

④ **メディアアカウント**
#genic_japan　#genic_food
※今回の場合は、日本を旅したくなる写真と映える食べ物を
発信するアカウントの独自ハッシュタグを使用

**悪い例**

#tokyo　#cafe　#浅草　#パン

検索数が多すぎてTOPに残らず、
最新の投稿でさえも数秒で検索に
かからなくなる

①〜④から写真と関連する
ハッシュタグを用意する

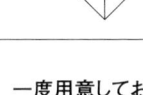

一度用意しておけば、
基本は次からコピペでOK!
ただし、変更になる箇所
（店舗名やエリア）は必ず直そう

# 03

## ハッシュタグの効果測定

　ハッシュタグに対して、つけっぱなしで特に改善したことのない方が多いと思います。実はハッシュタグは検証できるのです。ここで、私が行なってきたハッシュタグの効果測定方法をお伝えします。

　まず、方法は２種類あります。直近の投稿に対して行なう確認方法と、数ヶ月経ってから確認する方法です。まず、直近の確認方法からお伝えいたします。実際に写真を投稿してから次の投稿まで（約１〜２日以内）に行なってください。

### ①人気の投稿に載っているハッシュタグがあるかを確認する

　まずは、実際に投稿した写真につけたハッシュタグに飛び、確認していきましょう。ハッシュタグの人気の投稿に載ると有利な理由は、プロフィールページへ誘導できる確率が高くなるからです。前項「意味のあるハッシュタグの選び方」でお伝えした順序に沿って説明すると、①の店舗に関するタグは確認する必要はありません。また④の「戻りのハッシュタグ」は、後から検索ヒットにかかるタグなので、ここも特に気にしなくていいです。

　確認したいのは、②・③のハッシュタグです。一つひとつ自分の投稿がトップに載っているのかどうかを確認してみてください。自分の写真を探す中で、「このお店のイチゴパフェはトップに載る傾向が高いな」とか、「今、自分のテーマ界隈で流行っているものはこういったものなのか」ということも明確にわかってくるので、次の素材探しとしても活かすことができます。また、トップに載っていなかった場合は検索にか

かりにくいという意味なので、「ハッシュタグの投稿件数がさらに少ないもの」に狙いを変更することも必要です。

　また、人気の投稿に選ばれている写真が、明らかに自分の写真とはテイストの違うものや、全体的に写真のクオリティが高すぎる場合も同様、そのハッシュタグを次回から違うものに変更してください。

　インスタグラムのアルゴリズムでは、同じハッシュタグ内でもジャンルが違う写真は、仮にエンゲージメント率（数時間内の「いいね！」＋コメント数＋保存数）が高くても人気の投稿に載ることができないのです。ですから、たとえ検索数が低く、人気の投稿に載りやすそうなハッシュタグを見つけても、実際に人気の投稿に載っている写真が違ったテイストが多い場合は、自分のハッシュタグリストから除外しましょう。

## ②「インサイト」からハッシュタグ流入を確認する

　これは、過去に蓄積されたデータから自分の傾向を確認する方法です。調べ方は、投稿した画面の左下にある「インサイトを見る」をタップし、下へスクロールすると「インプレッション」という項目があり、「ハッシュタグ」という欄があります。

　これを今までの投稿の数字と比べ、一番流入が多かった時と少なかった時の違いや、トップ３にあたる投稿の共通点を導き出し、自分の投稿に対しての他者の関心度を計測します。

　トップ３から導き出された流入の多いハッシュタグがつけられる投稿内容の比重を多くして、ハッシュタグ流入が多い投稿を増やしていきましょう。自力で自分の投稿を見に来てもらえるように工夫し結果が出せる部分なので、一度調べておくと後から楽になります。

# 04
## ストーリーズで閲覧数を 加速させる方法

　ストーリーズの活用……。どのように考えたらいいかとても迷います
よね。まず、ストーリーズとは、プロフィールページに並ぶ投稿とは違
い、タイムラインの一番上に丸い窓で表示され、スライドショーのよう
に流れる画像や動画のことを指します。投稿方法は、インスタグラムを
開いた時のタイムライン画面の下にある十字キーから「ストーリーズ」
の項目を選び、そのまま撮影するか、すでに撮影した写真を選ぶ場合は、
下から上に指を滑らせるとデータフォルダの画像から投稿することがで
きます。

　簡単に配信できる上に、フィードにも残らないため「気を張らずに取
り入れやすい」ストーリーズですが、本書ではどのように閲覧数を伸ば
していくのかといった方法をご紹介します。

　大前提として、インスタグラムのアルゴリズム解析は、アカウントご
との興味・関心によって、パーソナライズされています。そのため、時
系列でタイムラインの上部に左側から右へ並ぶわけではないのです。

　興味・関心を引く上で、テーマの内容から外れないコンテンツや鮮度
が高い情報を提供するといったように、「いかに有益かどうか」という
内容にもちろん重視してもらいつつ、テクニックの部分で効果的に閲覧
数を伸ばす方法を取り入れて実験していきましょう。

## ①ストーリーズに「いいね！」を押してもらえるような投稿を配信する

　例えば、その情報を共有することでフォロワーの方に喜んでもらえそうな内容や学びになることなどを配信してみましょう。「ストーリーズで先に、裏側を共有します」といったことや、写真に文字を入れて届けたいことを自分の言葉で伝えてみるといったことなども想いが届き「いいね！」につながりやすいと思います。

　新しい挑戦や、何か結果が出た時に報告するといったこともよさそうです。

　このように、フォロワーの方に対し "お世話になっている知り合いとのコミュニケーション" のようなイメージで配信してみるとストーリーズに「いいね！」がつきやすいと思います。

## ②フォロワー参加型のスタンプ機能を使用する

　ストーリーズ投稿をする際に、右上の顔マークのアイコンをタップするとスタンプの機能がたくさん出てきます。「質問」「アンケート」「顔絵文字マークのスタンプ」「クイズ」「横に動く顔絵文字」がストーリーズを閲覧した方と交流できるスタンプ機能です。

　質問の種類によって使い分けるのもいいですが、回答してもらえる人数を少しでも増やすことが閲覧数アップにつながりますので、2択から答えてもらいやすい「アンケート」や「クイズ」からはじめてみることがオススメです。

　また、「顔絵文字マークのスタンプ」は、ストーリーズの内容に「いいね！」をもらうこと以上に「わかりやすさ」の部分で、押してもらえる可能性も高いので、どちらのほうがより多くの方にアクションをもらえるのか積極的に取り入れながら調査してみましょう。

## ☞ 離脱されない工夫も行なうことで、閲覧数アップにつながる

　また、ストーリーズを連続して投稿すると、最初の投稿が一番多い閲覧数を獲得できるので最初の投稿にスタンプ機能を活用することも取り入れてみつつ、途中で離脱されないように、同じような内容を連続して配信しないようにすることと、プレミア感も出すことが必要です。

　1日に1回は最低でもストーリーズの配信をしてほしいですが、あまりにたくさんのストーリーズを配信すると重要な時に見てもらえない可能性もあるため、ストーリーズも配信内容の軸を決めて厳選したものを配信することがオススメです。

　連続して投稿した際に、「あれ、閲覧数がどんどん下がってるな……」という場合は、最後の投稿から24時間経った後、ストーリーズの配信履歴がすべて消えてから配信すると、閲覧数は戻るので、地道にアクションをもらえるような投稿をしていきましょう。

## ☞ 外部流入を積極的に活用する

　フォロワーとの交流を深めていくことで少しずつ閲覧数を伸ばし、さらにたくさんの方に見てもらう方法があります。

　それは、ハッシュタグをつけることと、スタンプ機能から「場所」の位置情報を入れること、タグ付けを行なうことです。

　ここで載せるハッシュタグは、本章02「意味のあるハッシュタグの選び方」で説明した②・③の中から、トップに載ったものに関係なく、投稿件数が多いものから、2つまでを選んでつけてみてください。あまりにたくさんのハッシュタグをストーリーズに掲載すると、見栄えが悪

くなる点が、2つまでにする理由です。新規流入を狙うがあまり、ハッシュタグをつけすぎて既存フォロワーの方々に見てもらえなくなったり、ストーリーズで本当に届けたい告知や情報が見てもらえなくなってしまっては、本末転倒です。選ぶハッシュタグによって、ストーリーズの閲覧数が変わるので、投稿する画像に合わせて、実験してみてください。

また、注目されているイベントなどに参加し、リアルタイムで発信した場合も、大幅に閲覧数がアップすることがあります。自分の発信テーマに沿ったイベントであれば、リアルの場合でもストーリーズからも交流につながります。

さらに、ストーリーズで発信する写真の中に、お店やブランドなどの商品が写っていたり、イベントなどに参加している場合は、企業や団体などのアカウントにも、積極的にタグ付けを行ないましょう。

相手側にとっては宣伝にもなって喜ばれるので、お互いにとってよい循環になります。先方へのご挨拶のようなアプローチになることはもちろん、リストーリー（あなたのストーリーズを相手のアカウントで再配信すること）も行なわれる確率が高いので、タグ付け先のアカウントのフォロワーへあなたのストーリーズを見てもらえることとなり、インパクトがあればあなたのプロフィールにたくさんの"初めましての方"が流入してくれます。

このように、ストーリーズは内部（フォロワー）と外部（新規）両方へのアプローチとして積極的に活用できるので、目的に合わせて使用していきましょう。

## ☞ フォロワーを増やすために徹底すること

ハッシュタグやタグ付けをして投稿することは、あくまで「新規の流入を確保するため」でしたから、投稿する内容は、ストーリーズであっても普段投稿しているテーマに沿った内容にしてください。世間的に関心が高そうな内容だとしても、あなた自身の発信内容と関係のないストーリーズでは、仮に外部からの流入につながったとしてもそれはフォロワーにはつながらないからです。

ハッシュタグをつけて閲覧数が増えるだけでは意味がなく、目的は「ストーリーズを見た方が、普段の発信内容が気になってプロフィールに飛び、フォローすること」です。そこへつなげるためにストーリーズを活用するのですから、普段の投稿と変わらないテーマで発信してください。

例えば、投稿用に撮影したけれどプロフィールページの並びを考えた時にテイストが若干合わなかったため、載せることができなかったという、写真を投稿することもありですし、すでに投稿した写真を「シェア」の機能を使ってストーリーズで投稿するという "お知らせ" としての活用もできます。シェアの方法は、投稿した写真のページを開き、紙飛行機のマークを押します。そうすると、シェアというページが出てきますので、「ストーリーズに投稿を追加」というところをタップすると、ストーリーズの画像が出てくるので、そのままハッシュタグやタグ付けをして投稿してください。

24時間で消えてしまうため、軽視されがちなストーリーズですが、閲覧数が急増するハッシュタグや相性のいいアカウントを見つけて、新規のフォロワーと出会う導線として活用しましょう。また、24時間経っ

て消えてしまったストーリーズは、カテゴリごとにハイライトとしてまとめておくことができます。

　その方法はとても簡単です。プロフィールページ真ん中の「新規」をタップすると、過去のストーリーズが出てきます。そこからテーマに応じて写真を選び「次へ」を押すと、タイトルページにつながるので「ハイライト」の箇所にタイトルを入力して完成です。また、過去のストーリーズはアーカイブに保存されているので、アーカイブのストーリーズを開き、右上にある「…」マークから「ハイライトを作成」をタップします。投稿したストーリーズが出てくるので、カテゴリごとに選択して名前をつけて追加していきます。ストーリーズのジャンルごとにアルバムをつくる要領で作成していきましょう。

　プロフィールページのブランディングにもなりますので、閲覧数目的以外に、発信すべき内容があればストーリーズを活用し、フォロワーの方と密な関係をつくっていきましょう。

# 05
## 「フォロワー」から
## 「ファン」になるまで

　本書では、最短でお仕事案件につながるためのメソッドをお届けしています。その中で、発信者を目指す上では「企業に選ばれる5つの理由」（35ページ）でお伝えした④⑤に値する、リーチ数とエンゲージメント率を高めていくことが必要であるというお話もしています。

　そこで重要な鍵を握るのは、「フォロワー」という存在です。前述した数値を上げていくためには、フォロワーからファンになっていただけるようなコミュニケーションも必要になってきます。その前に、「フォロワー」と「ファン」とは、どういった違いがあるのでしょうか。

　「フォロワー」とは、"深く考えずたまたまフォローをしてくださった方"から、"隅々までチェックしています"という方まで、幅広い理由が存在しつつ、あなたの発信内容に何らかのメリットを感じてフォローをしている方であると思います。"ちょっとだけあなたのことが気になってくれている人"のような立ち位置でしょうか。

　対して、「ファン」とはあなたの本質の部分や生き方、思想なども含めて、あなたのことを尊敬し、応援したいと見守っていて、"憧れ"の要素が強い存在であるかと思っています。

　フォロワーであれば、本来発信しているテーマに紐づいた情報に対するフォローである可能性が高いため、"らしからぬ発信"をした場合にはフォローをやめる確率は高いです。しかし、ファンであれば、仮にあ

なたの私生活や発信テーマに紐づかない内容の投稿であったとしても、逆に「もっと見たい‼」となるような、好きな人のような存在にも近いと思うのです。

「フォロワー」と「ファン」。ほかにもあなたが思う定義はあるかもしれませんが、ニュアンス的にはきっと通じるものがあるかと思います。

　今回は、私自身も長年の「ファン」であり、美意識も高めてくれる存在のインフルエンサー yuuka さん（@ yuuka1223）にインタビューをお願いさせていただきました。表面的なフォロワー数にかかわらず、たくさんのファンの方に囲まれる yuuka さんはどんな発信をされてきたのでしょうか。ぜひあなたも yuuka さんのストーリーズをのぞいてみてください！

## yuuka さん

【美容系インスタグラマー】　@yuuka1223

## Q1. 発信する上でどのような心がけをされていますか？

——とにかく真面目に誠実に、「見てくださっている方に対しても、自分に対しても、嘘をつかない」ということを初期から徹底しています。メインである美容の発信については元々、広告や PR ばかりで何が真実の口コミなのかわからない状況に嫌気がさした時にはじめたことなので、その芯がブレないように、たとえ投稿頻度が少なくても、自分が心からときめくものやいいと思ったものだけをご紹介するようにしています。

## Q2. フィード投稿とストーリーズ投稿では、どのような 使い分けをされていますか？

——フィード投稿は世界観を統一したいので美容系の発信のみに留めていて、ストーリーズ投稿では普段の何気ない日常や、美容と同じくらい大好きなファッション、愛犬、また本業がパティシエなのでケーキのことなど、美容以外で「私」という人間がより多角的に見えるような使い分けを意識しています。

## Q3. フォロワーの方と"距離が近づいた"と感じた きっかけはありますか？

——私が抱える内面の弱さについて公表した時です。私は人よりもプレッシャーを感じやすい性格のせいか、フォロワーさんからの期待に応えられていないと自分を追い詰めてしまったことがあり、実は2年間ほどInstagram含めSNSでの発信をお休みしていた期間がありました。美容からも遠ざかり、見た目もどんどん変わり、あの時の私は生きがいのすべてを失っていたと言っても過言ではないほどにひどい状態でした。

　自暴自棄になる私を見かねた家族やまわりの助けもあり、病院やカウンセリングに通い、少しずつ自分を取り戻していく過程で、「またあの場所に戻りたい」そう思わせてくれたのがInstagramを通して好きなもので通じ合った仲間（フォロワーさん）の存在でした。

　復活する時はすべてを正直に話そうと心に決めていたので、その想いを投稿に綴りました。すると、想像していた以上に「お帰りなさい！」「待ってました！」と温かいコメントをいただき、それまで以上に応援してくださる方が増えた印象でした。

　それからも自分の「弱さ」を積極的に発信するようにしています。美

# yuuka
@yuuka1223

ストーリーズにて「友達にLINEするテンションで私に話しかけてね！」のコンセプトではじめたシリーズが好評で、毎回たくさんのメッセージをいただきます。

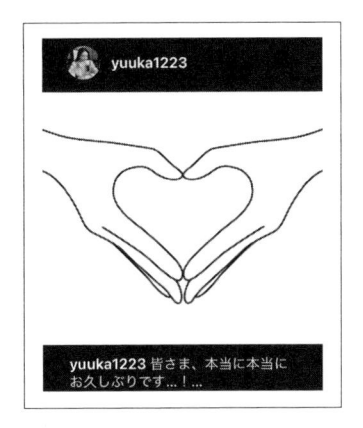

約2年間のお休みを経て復活をした時の投稿です。その時に感じていた想いのすべてを嘘偽りなく文章にしたら、たくさんの温かいコメントで受け入れてもらえました。

容系アカウントだけど、今日は疲れちゃって何もできないから髪の毛も洗ってないけど寝る、とか。毎日ダイエットを頑張ってるけど、今日は悪魔の儀式と称して好きなものを好きなだけ食べる！　とお菓子だらけの写真をストーリーズに投稿してみたり。私はこれからも完璧を目指さないし、どこか不完全な人間であり続けたいとすら思っています。

　なぜなら「人は長所でなく短所で愛されている」と確信しているから。自分がダメだと思っている部分こそさらけ出すと、そこを愛して共感してくれる人が必ず増えます。

## Q4. たくさん届くDMにどのような対応をされていますか？

――本来であればすべて直接お返ししたい気持ちでいっぱいなのですが、対応が追いつかないため、似たようなご質問やメッセージをストーリーズで公開しながらお答えするようにしたり、定期的に質問BOXを設けるなどしています。

## Q5. ファンの方とのうれしかったエピソードはありますか？

――長年私をフォローしてくださっていたフォロワーさんが美容系の会社に転職されてポップアップの店頭イベントゲストとして私にお声がけくださったことです！

　イベント当日、ご挨拶すると、以前私が彼女のDMをストーリーズで返信したものをスクショしておいてくださったようで、それを私に見せてくださり、「つらい時、これを待ち受けにして頑張りました！」と。思わずその場で涙してしまうほどうれしく、発信を続けていてよかったと心から思えた瞬間でした。

## Q6. インスタグラムの発信からファンを増やしたいと思っている読者の方に向けてメッセージをお願いします！

――私がこのようなことを言うのは恐縮ですが、まずはその投稿が、その一言が、「誰かのためになるものか」の第三者目線を忘れないでください。フォロワーを獲得するために有益な情報を発信しようと言われていますが、さらにその上のコアな「ファン」を獲得するために大事だと思うことはやはり「人間性」です。有益な情報にも疲弊しつつあるSNS社会だからこそ、人は心のどこかで人の温かさや人間味に触れたいと思っていると思うんです。

ただ、それは誰でもいいわけではなくて「憧れ」×「共感性」、これが一致した時に人は人のファンになるのではと推測しています。そのためには自分の強みを理解すること、ダメなところをさらけ出す勇気を持つこと、そして一番大事なことはこの発信の先には生身の人間がいるという意識を忘れないことです。

　全員から好かれることはできなくても、誰かを傷つけることのないように丁寧に言葉を扱っていくと、まわりには温かい人、つまり応援者が増えます。応援される人間になるためには、自分も惜しみなく誰かを応援していくことも大切。目の前の人間を大切にできる人こそ、多くの人から愛されると私は思います。

---

　いかがでしたでしょうか？　小手先のテクニックではなく、発信者としての心構えの部分やフォローしてくださる方への想いなど、yuuka さんの気持ちの部分がたくさんのファンの方に囲まれる秘訣なのかなと思っています。直接会わなくても、発信から伝わる人間力の部分も学ばせていただきました。発信者として、深いコミュニティ形成を目指したい！　という方はぜひ参考にしてみてください。yuuka さん、貴重なお話を本当にありがとうございました。

# 06

## 拡散力の強いリールの活用術

「インスタといえば写真」のイメージから、リールという短尺動画機能の登場によって、一気に TikTok と混ざったような SNS になりました。それによって、今まで写真だけ頑張っていればよかったことが、突然に「動画までやらないとダメ……?」と、混乱した方も多いと思います。

　ちなみに、リールとは最大90秒のショート動画をシェアする機能のこと。ストーリーズとの違いはフォロワー以外の方にも表示されることなので、広告配信に近い形で、無料の拡散ツールとして活用できることが最大のメリットになります。フォロワー数を増やしてお仕事を獲得する上ではとても有利ですし、リール作成の企画・編集がうまいと企業のインスタアカウントでの制作業務（コンテンツクリエイター）としてのお仕事を受注することにもつながるかもしれません。

「メリットは十分にわかったけど、リールはどのようにつくるの……?」と、そんなあなたのために、今回は特別に、リール制作がとても上手なゲストをお迎えしました。

　素敵な白いカフェやテラス席、ラグジュアリーな空間を発信されている、のん｜カフェさん（@noncafe_gram）に、拡散されやすいリール作成のコツについてお聞きしていきます！

# のん｜カフェ <sup>さん</sup>

【カフェスタグラマー】　@noncafe_gram

## Q1. リール用の動画撮影は、訪れたカフェすべてで 撮影していますか？

──ほぼすべてのカフェで動画撮影しています。撮影したものを見返し、厳選してリールをつくります。撮ったけど使わない動画や30秒撮ったうちの３秒しか使わないということも頻繁にあります。

## Q2. 撮影シーンはどのように切り分けて 撮影されていますか？

──外観、内装、時にお気に入りの空間、フード。大まかにこのような切り分けです。ほぼずっとカメラをまわしています（笑）。

## Q3. 撮影時のオススメのアングルはありますか？ また、撮影時に心がけているコツを教えてください！

──フードは引きのアングルとアップのアングル両方撮ると同じ商品でも違って見えるのでオススメです。撮影ではカメラを動かすか、手元を動かすかして、"動き"のあるものになるよう心がけています。

## Q4. 編集にはどのアプリを使用していますか？ 動画をつなげる上でのテクニックとテロップの入れ方の ポイントについても教えてください。

──「CapCut」を使っています。動きのある撮影をしたり、ワンシーン３秒以内で切り替えたりすることで、見ていて飽きさせないことがポイントです！

## のん｜カフェ
@noncafe_gram

「ケーキがかわいすぎるホテルカフェ　新宿8分　Park Hyatt Tokyo」。頼んだメニュー名はすべて記載しています。天気のいい日はテラス席で撮影。

「ルーフトップバー　新大久保4分　PALLE」。チャミスルサワーがかわいいお店。人気飲食店プロデューサーで話題なことにも触れて。

「モノトーンな世界　渋谷5分　KITASANDO COFFEE Lab.」。オープンしたてのお店にも行きます。「完全キャッシュレス」などの情報も伝えます。

「推し活もできちゃう　表参道3分　東京茶屋じんじゃーがーでん」。"悶絶かわいい和かふぇ"の空間だったので、文章にも桜やハートなどかわいい絵文字をたくさん使いました。

　テロップには、「本当は教えたくない」「隠れ家」「穴場」などのワードを入れると気になって見てしまう……という自分の経験から、頻繁にそれらの言葉を使っています（笑）。動画の最後に細かい情報を入れるのも最後まで見てくださる方が増えるのでオススメです！

## Q5. 今まで、これはバズった（拡散された）と思う動画には、どんな共通項がありましたか？

——やはり最初のテロップのインパクトや季節感のある動画がバズっていると思います。例えば夏だと、テラス席やルーフトップがあるお店。アイスやあじさいのスイーツが私自身のアカウントでも、ほかのアカウントを見ていてもバズってるなと感じます。

## Q6. 音楽を選ぶ時のコツがあれば教えてください！

——流行っている曲！　自分がリールを見ていて何度も出てくる曲は保存してすぐ使います。お店や動画の雰囲気にももちろん合わせますが、それも流行っている曲の中から選びます。

## Q7. キャプション（リールの投稿文）の内容はどのようにまとめていますか？　書き方のコツなどもあればぜひ教えていただきたいです。

——動画のテロップには収まり切らなかった内容や、そのお店に行ったからわかるリアルな感想を書くようにしています。なるべく話し言葉で、友達に話しているように書いて親近感があるようにしています。

## Q8. カバー画像（表紙）に設定する画像選びのコツはありますか？

——そのお店の雰囲気やメニューがパッと見てわかるものを1枚目に選んでいます。自分の中で一番うまく撮れた写真を使っています。

## Q9. 最後に、これから発信者として仕事をすることを夢に描いている読者の方にメッセージをお願いいたします！

——まずはバズっている動画を真似して、継続して投稿することが大事だと思っています！　私自身、大好きなお店や気になっているお店からお仕事をいただけることもあり、本当に夢のあるお仕事だと感じています。地道ですが継続していれば着実に伸びていきますし、SNSならでの出会いや仲間もたくさん増えます。ここでお話しした私の経験が少しでもみなさんの力になれるとうれしいです！

--------------------------------------------------------

　具体的なリール作成のコツについて、いかがでしたでしょうか？　普段カフェアカウントの広報としてもご活躍されている、のん｜カフェさんから直接作成のコツを、ここまで細かく伝授いただける機会はなかなかないと思うので、ぜひ何度も読み返していただけたらと思います。

　本書の内容に沿って、発信テーマや日々の発信コンテンツが整った状態をつくり上げた上で、リール活用を実施し、たくさんの方に見つけてもらえるアカウントへと成長させていきましょう。
　のん｜カフェさん、本当にありがとうございました！

CHAPTER

# 8

## 代理店登録から はじめよう

The New Method for Instagram

# 01

## 代理店を知っていますか？

　本書でいう代理店とは、企業から受けた案件を発信者へ依頼する仲介会社のことです。

　育成から行なっている会社もあれば、発信者と企業のマッチングプラットフォームのみを運営するキャスティングの会社も数多くあります。また、一見インフルエンサーマーケティングと関わりのなさそうな会社でも、一事業として案件を確保している会社もあります。これだけ代理店が多いということは、インスタグラムでぴったりなアカウント運営をする方にお願いしたい案件も多くあるということです。

　代理店によっては、案件が公募制で、インフルエンサーとして登録からはじめることもできます。0フォロワーから登録できるところもあれば、1万フォロワー以上から登録可というところもあり、様々です。案件の幅や求めるインフルエンサー像もそれぞれ違うので、自分の発信内容と相性がよさそうな代理店を選ぶことが、案件のオファーを受けやすくなる秘訣です。

　私もインスタグラムをはじめてすぐ、代理店に登録しました。初めて登録したところが、SNAPLACE（スナップレイス）という会社です。一番にここを選んだ理由は、フォロワー数に関係なく登録できたという点です。しかし、「アカウントがまったく整っていない段階で登録しても、見向きもしてもらえないだろう」と思い、まず1,000フォロワーを達成させて、自分の発信するテーマが固まった段階で応募しました。

## ☞ 待っていても仕事は来ない！

　これから、あなたがお仕事案件を受ける方法は３つあります。

　ひとつは、フォロワー数が増えるにつれ、企業側からインスタグラムのDMを通して依頼が来る方法。２つ目は、プロローグでお話ししたようなアンバサダーに自ら応募して、無償で活動に参加することで自分の露出を広げ、お仕事のオファーを受ける方法。３つ目は、自分から代理店に登録して案件をもらう方法です。

　そのほかに、確率的には低いパターンですが、自分がよく使う商品やよく行くお店のタグをつけて発信していたら、そこからお仕事につながるということもあります。

　私がよく感じることとして、ひとつ目のパターンでひたすら企業から声がかかるのを待つという姿勢の人が圧倒的に多いです。「ずっと待っていたら、いつか誰かが見つけてくれるはず」と淡い期待を胸に秘めているかもしれませんが、人生そんな簡単にうまくいきません。仮に、本書の７章までの内容をすべて実践し、フォロワー数が増えたとしても、案件を受けるための導線を自ら確保しておかないことには、残念ながらたまにしか依頼は来ません。

　ですから、２つ目や３つ目の方法を積極的に取り入れて、自分から仕事をつかみ取っていきましょう！　そのほかの可能性としては、発信内容を通して新たな出会いやコミュニティ形成につながるため、突然思ってもみなかったあなたの強みにフォーカスした新規案件が、知り合いを通して依頼されるなんてこともあり得ます。

　すでに活躍している方々の中にも、この待ちのスタンスがほとんどで

すから、熱意を持ってアプローチすれば、代理店やアンバサダーとして受け入れる企業側は喜んで参加してもらいたいと思うはずです。ただし、その熱意を正当化させるためには、フォロワー数という目に見える実績や説得力のある発信内容は当然必要なので、まずはやはり、フォロワー数を増やすことからはじめましょう。

「何を、どんな人へ届け、それを見た人が何を受け取ることができるのか」までをしっかりつくり込んだ後に代理店へ登録し、無事に申請許可がされれば、晴れて案件を受ける特権を待ちの姿勢以外でもつくれたということになります。

インスタグラムの発信で正社員の平均月収以上を実現する仕組みづくりとは、どれだけネットワークを広げていけるかです。事実、自分の動き次第でどこまでもつながりをつくることはできます。しかし、何かに突出しないことには、誰からも興味を持ってもらえないわけですから、あなたもインスタグラムの発信をきっかけに、秘めていた才能を開花させ、新たな世界で活躍してほしいと思っています！　それが、私が本書で届けたいメッセージです。

## 02

# 怪しいメールに要注意

　先ほど、フォロワー数が増えるにつれ、企業側からインスタグラムのDMを通して依頼が来るとお伝えしましたが、残念なことにインスタグラムでは夢見る一般人の気持ちを利用した詐欺案件も多発しているので、ご注意ください。

　これらは、フォロワー数に関係なくDMでメッセージが届きます。私がインスタグラムをはじめて500フォロワーくらいの時にだまされそうになった出来事がありました。それは、「インスタグラマーとして世界中を飛びまわりませんか？　おしゃれな投稿をされている方のみにご案内しており、大好きな旅行を楽しみながら収入を得る方法をご紹介します」という内容でした。

　今考えると、どう見ても詐欺案件なのですが、当時の私はインスタグラマーの案件がよくわかっていなかったので、本気で仕事依頼が来たのではと思ってしまいました。そのまま内容を聞いてみると、「会員制旅行クラブ」への勧誘でした。ちょっと期待してしまった自分にがっかりしたことをよく覚えています。何十万円とお金を支払って、人を紹介しないといけないというようなマルチ商法の勧誘で、本書でお伝えしているお仕事内容とはまったく別物ですので、ご注意ください。

　また、最近だまされかけた内容は、自身のインスタグラム投稿でタグ付けをしたブランドの担当者を名乗った人からのコラボレーション案件です。

怪しいかどうかを一発で判断する方法は、メールアドレスをチェックすること。例えば、「（ブランド名）campaign@gmail.com」というメールアドレス。名の知れたブランド、ましてやラグジュアリーブランドからのオファーメールが「Gmail」なわけはありません。

　メールに返信することで「大好きなブランドの商品が、芸能人のように無料で手に入るだけではなく、収入にもなる!?」と目を輝かせてしまいそうな内容ですが、個人情報が漏えいする恐れがありますので、絶対にスルーしましょう。

　これらにだまされないようにするためのもうひとつの見極め方は、「発信者側が企業へお金を収めることはあり得ない」ということです。

## 本当に来た怪しいメール

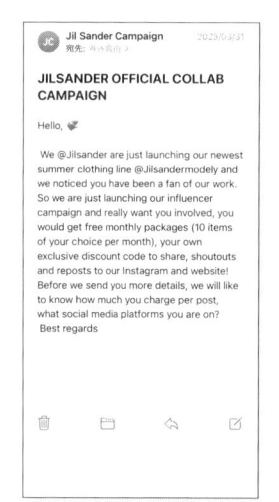

パッと見、ハイブランドからの依頼で喜びそうに……。

「Gmail」があり得ない。

翻訳した文も怪しい。

　少しでも「怪しい」と感じたらその場でブロックしましょう。本物のお仕事案件は、会社名と担当者名をきちんと名乗り、案件の詳細がすべて明記されているので、ホームページを確認すれば信頼できる企業かどうかわかります。具体的な案件で詐欺にあったことは一度もないので、安心してお仕事依頼を受けてくださいね。具体的な詳細がなく、夢のような話のDMはすべて無視でOKです。

# 03

## 依頼案件の投稿マナーと心構え

　本書では、「お仕事案件を受けるためのフォロワー数の増やし方」を
これまでご紹介してきましたが、晴れてあなたへ案件が来た時の、マ
ナーと心構えについてお伝えします。

　私がお伝えしたいことは、３つあります。

　まずは、投稿スケジュールを確認しておくこと。案件によっては、「商
品が届き次第、撮影から投稿完了までを３日以内に行なう」というよう
な過密スケジュールの場合もよくあります。普段から時間のある方は問
題ないかもしれません。しかし、週末しか撮影の時間を確保できない方
が、月曜日に商品が届いて、木曜日までに投稿を完了させないといけな
い案件を受けることになったとしたら、「撮影の時間が取れない……」
となり、企業や代理店に迷惑がかかります。そうならないためにも、自
分が無理なく撮影時間が確保できる案件を選ぶことが重要です。

　次に、安易になんでも受けないほうがいいということ。案件によって
は、PRする場所や商品の詳細がお受けした後にしかわからない場合も
あります（受ける前に代理店へ確認することもできますが、代理店側も
ギリギリまでクライアントから詳細を教えてもらえず、案件を受けるこ
とができるかどうかの意思確認だけを先に行なうことがあるのです）。

　こういった案件の時、自分の世界観をつくり込んで発信してきたにも
かかわらず、普段の投稿とまったく違った内容の写真を急に投稿するこ
とになるかもしれないのです。PR投稿だからと割り切って受けられる

人ならいいのですが、絶対に自分の世界観を守りながら、目先の案件ではなく、もっと先の夢をインスタグラムで実現したいという想いがあるなら、受けないほうが賢明です。

　なんでも受けてしまうと、今まで積み重ねてきたフォロワーの方々が離れてしまう恐れがあるのと、今後フォロワー数を継続的に伸ばしていくことが難しくなります。

　ここまで神経質に考えなくてもいいかもしれませんが、私からのアドバイスとしては、「自分が受けたい案件だけ」を受けること。

　私自身が、アカウントの世界観を守りたいタイプなので、「今まで積み重ねてきたイメージを壊さないもの」もしくは「フォロワーの方へ本当に紹介したいもの」だけを受けています。フォロワーの方々との信頼関係をつくることが、将来的な自分の成長へつながります。ですから、案件が来るたびになんでも乗っかるのではなく、立ち止まって考えてから「受ける意味のあるもの」だけを選ぶことをオススメします。

　最後に、「アーカイブ・削除の禁止」があるかどうかを確認すること。6章04「プロフィールページを見直してこそ一流」の部分で、アーカイブのお話をしましたが、案件によっては、「90日間アーカイブ禁止」というものから、「アーカイブ・削除は一切禁止」というものもあります。これは、案件をお受けする前に確認し、そういった禁止事項のあるPR投稿は必ずアーカイブや削除をしないようにしてください。

## ☞ 投稿承認されるまでがお仕事

　PR投稿後の流れとしては、「投稿が完了した後にリンクをコピーして報告する」もしくは、「完了報告のみを代理店へ連絡して案件が承認される」というパターンもあれば、「完了報告なしで、代理店側の確認

# PR投稿後の流れ

① 投稿画面の右上にある「…」をタップ

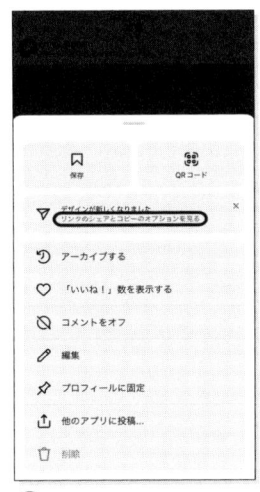

② 「リンクのシェアとコピーのオプションを見る」をタップ

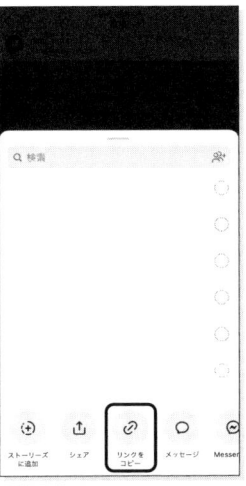

③ 「リンクをコピー」を選ぶと、その投稿のURLがコピーされるので、メールなどに貼りつけて、代理店に投稿完了報告をする

ほかにも、代理店が確認してくれるパターンなどもあるが、
承認されるまでがお仕事だと心得よう

で承認される」パターンもあります。

　いずれにしても、投稿が承認されるまでがお仕事なので、投稿して終わりではなく、完了後の対応も確認し、最後まで責任を持って案件を受けましょう。一つひとつ、丁寧な対応ができれば、必ず次のお仕事につながります！

　また、「タイアップ投稿」という機能ができたことにより、フォロワーへ向けた PR 投稿に透明性が確保されました。

　代理店との契約によっては、先ほどご紹介したようなリンクで確認という方法もまだ存在していますが、「タイアップ投稿で」とオファーをもらった場合は、企業があなたの投稿から商品を PR するだけでなく「ブランドコンテンツ広告」としてあなたの投稿をそのまま広告として企業が活用できるようにもなります。そのあたりも踏まえて、案件として受ける・受けないを判断しましょう。

　このように、広告主と発信をつなげるシステムはどんどん進化しているため、自分を信じてコツコツと発信を続けていけばベストな案件に出会える確率は高まっているのです。

# 04

## 採用担当者に聞いた！
## 選ばれる発信者の条件

いよいよ、案件を受けることが現実に近づいてきました。「案件を受けたい！　でも実際にはどうなのか。代理店の採用担当の方から直接聞きたい！」という気持ちに応えられたら、あなたのモチベーションがもっと上がるかもしれない！　そんな思いを持ちました。そこで、実際に私自身が数々の代理店からオファーを受けてきた中で、報酬単価や案件の幅、対応を含め、「この代理店さんをご紹介したい！」という企業様を僭越ながら選ばせていただき、本書の意向をお伝えしたところ、快くお受けくださったので、特別に取材させていただきました。2023年の最新バージョンとして、改めてお答えいただいたので、今、選ばれる条件をチェックしておきましょう。

## ☞ SNAPLACE 「投稿写真の統一感が大事」

前述した私自身が最初に登録させていただき、数々の案件をご依頼くださった合同会社 SNAPLACE 代表の椛島誠一郎さんにお話を伺ってまいりました。ここからは、会話形式でリアルな情報をお伝えしていきます。

　　　私：「椛島さん、本日はよろしくお願いいたします！」
椛島さん：「はい。よろしくお願いいたします」
　　　私：「SNAPLACE では、フォロワー数の制限なしに登録ができますよね」

椛島さん：「はい。今、登録者は2万人ほどいて、月200～300人ほど増えています」

私：「そんなにたくさんの登録者がいるのですね。ちなみに、その中で案件がまわってきた方は、何名ほどいらっしゃるのでしょうか？」

椛島さん：「2,000人程度ですね。ですが、統一感を持って投稿を続けられている人が元々少ないので、そういった方は比較的、案件が受けやすくなっています」

私：「なるほど！　ということは、本書ではプロフィールの統一感について、かなりしっかり書いているのですが、統一感はやはり重要でしょうか？」

椛島さん：「はい、そうですね。SNAPLACE では人工知能を使って、フィード画面（プロフィールページに並ぶ投稿写真の並びを指します）のトーンを点数に変換し、その点数を基に依頼者を選定しています」

私：「すごい……。ということは、フォロワー数がそこまで影響しないということでしょうか？」

椛島さん：「そうですね。弊社では PR 投稿案件に加えて撮影代行の案件も多いので、顔出ししていなくても、テーマに沿った撮影ができる方への依頼がとても多いですね」

私：「顔出ししていなくても案件がいただけるのは相当ありがたいです。顔出ししない場合だと、どういったジャンルの依頼が多いのでしょうか？」

椛島さん：「レジャー施設や遊園地、商業施設などが多いですね。コスメや美容系の案件も多いです。また、雑貨系をおしゃれに撮影できる方は貴重です。日常と非日常のバランスがよく取れたおしゃれな雰囲気のある撮影ができる方には、ご依頼することが

多いです」

私：「勉強になります！　PR 案件や撮影代行以外には、どのような案件があるのでしょうか？」

椛島さん：「大きく分けて 6 つあります。インスタグラムの運用代行、動画の撮影代行、PR 投稿、企画・コンサルティング、モデルキャスティング、試供品などのモニター調査です」

私：「案件の幅も相当広いですね。そして、フォロワー数にかかわらず、フィードの統一感でここまでの案件を依頼していただけるのは、本当に夢のようなお話です。最後に、これからインスタグラムをはじめて、発信をお仕事にしたいと思っている読者の方に、椛島さんから一言メッセージをお願いします！」

椛島さん：「フィードの統一感を意識して、アカウントのプロフィールページを見ただけでテーマがわかるほど真剣にインスタグラムを運用している方はまだまだ少ないのが現状です。そのため、企業様の案件に対して対応できるインスタグラマーさんが足りておりません。スナップレイス・タレントにご登録いただき、雑貨やペット、暮らしやイラストなど、ご自身の好きなものを、フィードの統一感を意識し、継続して投稿をしていただければ企業案件をご紹介できる可能性が大いにあります。

ここで、本書をご覧の方でインフルエンサー登録の「ご要望はこちら」に『艸谷真由さんの本を読みました。〇〇が得意です』と一言書いていただければ、優先的に投稿内容を解析させていただく特典をご用意しました。ご希望の方は、下記の登録ページにアクセスください。

ぜひ、インスタグラムで自分の好きなものを発信してみませんか？」

私：「なんと！　ありがたい特典までいただきました。椛島さん、

貴重なお時間をありがとうございました」

　椛島さんのお話はいかがでしたか？　ここまで貴重なお話を公開していただけたのも、読者のあなたのおかげです。代理店の方がどういった基準で案件を依頼しているのかは様々ですが、SNAPLACE に関しては、完全にプロフィールページの世界感が重要であるというお話でした。報酬単価も圧倒的に高いので、撮影代行や企画などの幅広い案件を受けてみたいという方は、ぜひ「スナップレイス・タレント」から、申し込みをしてみてください。

　スナップレイス・タレント　https://snaplace.biz/

　スナップレイス・タレント登録ページ　https://snaplace.biz/howtobecomeinflu/

　このように、晴れて発信者となった先には、様々な活躍の場が用意されています。一度きりの人生ですから、こういった案件を受けてみたいという気持ちがある方は、ぜひインスタグラムの世界へ飛び込んでみましょう！

## おわりに 探究心を持つことで道は開ける

「肩書きのない自分に、インスタグラムから新しい可能性が広がるだろうか」。そんな思いで150フォロワーの鍵アカウントからスタートし、まもなく5年が経とうとしています。本書は私がインスタグラムをはじめて1年経った中で見つけた法則やお仕事へのつなげ方を綴った1冊です。

目標であった1万フォロワーを達成した先の私は、考えたこともなかった「自分の会社を設立する」という選択をし、日本の有名小売店やブランド企業様にインスタグラムのディレクションやトレーニングサービスを提供させていただくようになりました。たくさんの気づきや環境を与えてくださった関係者の皆様には心から感謝しております。いつも本当にありがとうございます。

その反面、本書の初版を発行してから、今回の最新版を出すまでの4年間、とても長い時間悩んできました。それは、私自身のアカウント@may_ugram のインスタグラム発信をどういう形で続けることがよいのか、ということです。正直なことをお伝えすると、本書の発信内容からあえて遠ざかってみる発信を実験的に行なっていた時期もありました。

インスタグラムの発信に対する私のモチベーションは、「新しい景色を見るため」であることは立ち上げ当初から変わらない中、見つけ出したメソッドをお届けできた先の目標を私自身が失っていたのです。

毎日、「次はどうしよう」と悩み、気づけばずいぶんと月日が流れ、ようやく原点に立ち返ると「私はワクワクすることが好きで、明日が

もっと楽しみになる情報をお届けしてきた」と大事なことを思い出しました。

　私自身がワクワクする毎日を送れなかったら、本書やスマホ越しのあなたに楽しさをお届けすることなんてできるはずがないのです。

　当たり前のことに気づいた私は、自分が気になる空間へたくさん足を運びました。心から行ってみたいと思える宿や、観てもよくわからないだろうと思っていた「アート」を理解してみたいと思い全国の美術館やアートギャラリーを巡っていたら、気づけば世界のアートフェアまで足を運ぶようになっていました。そして……、海外の有名な代理店より「海外のアートフェアに参加してほしい」という案件や、アートコーディネーターとして国際交流プログラムを成功させるためのメンバーに入ってほしいというメッセージまで届いたのです!!

　まさにこれらは未知との遭遇で、自分の進みたい方向への扉が開きました。インスタグラムをはじめた当初のように、今、ワクワクする毎日が続いています。

　興味があるものを見つけて、それを深く知るために自らが学びながらその体験を一枚の絵になるように撮影し、情報として発信すること。
　その行動そのものが毎日を豊かにするだけでなく、やはりその先の道にもつながっていくことを改めて実感しました。人生何度でも新しい扉は開けると身をもって感じています。

　インスタグラムの発信はあなたの可能性を最大限に広げ、生きやすくするツールだと思っています。仕事にするためだけを目的とした発信を

続けてしまうと、その発信内容が仕事になるため、当然のことながら"自分が楽しい"と感じる仕事がもらえることにはつながりません。興味のない発信やつらい思いをして、フォロワー数を増やすことは自分の楽しい時間を結果的にどんどん奪うことになってしまいます。

　心からの興味を見つけて、それを探究するための発信を続けることがあなたにとっての毎日が輝き、いつしかそれが仕事になっている……そんな形が理想ではないでしょうか。

　私はまさに、人生を楽しむためにインスタグラムを活用しています。誰とも比べず、気を遣わず、あなただけの世界で満たされたフィードをいつか見せていただける日を楽しみにしています。

　一度きりの人生を、心から楽しみましょう！

2023年8月　　　　　　　　　　@may_ugram　　艸谷 真由

これまでインスタグラムを通してたくさんのお仕事をいただく中で、
私は「起業」という選択肢にたどり着きました。
ありがたいことに現在は、代理店を経由せずに、
法人アカウントのコンテンツ企画や制作、運用のコンサルティングを
行なったり、販売スタッフへ向けたSNS研修など、
インスタグラムに関した様々なお仕事をいただいています。

インスタグラムの世界に入って一番よかったと思うことは、
いつどこにいても仕事ができる環境が整ったこと。
環境は自分次第で変えられるのだと知りました。

本書のノウハウを実践され、発信を続けていけば、
たくさんのビジネスチャンスが転がっています。
例えば、フォロワーが多ければ、宣伝をするだけで喜んでもらえるのです。
そのような「発信力」を持つということは、
会社にとらわれない自分自身の財産となります。

本書のゴールは、あくまで数多くあるゴールのうちのひとつです。
インスタグラムをはじめた当時は先の未来がわからなかった私ですが、
自分が決めた期間、集中することで新しいステージへ進むことができました。
あなたもまずは自分を信じること、そしてやり切ることさえできれば、
1年後には想像のつかなかった場所にいるかもしれません。

本書をきっかけに、新たな可能性をつかむ方がひとりでも多く生まれますように。

本書へのご意見やご感想もお待ちしております。
インスタグラムで「@may_ugram」をタグ付けしていただけたら、
とてもうれしく思います。

**著者略歴**

**艸谷　真由**（くさたに　まゆ）

株式会社 grams 代表取締役／ ART TRAVELER Founder
1991年大阪生まれ。大学時代にアパレル販売にのめり込み、新卒で株式会社 TOKYO BASE に入社。入社 3 ヶ月で全社 1 位の月間個人売上を記録する。退職後、専業主婦としてはじめたインスタグラムで、わずか 10 ヶ月で 1 万人のフォロワーを獲得。自身の発信から得た経験をもとに、マーケティング支援を行なう株式会社 grams を創業。企業の SNS 設計・運用支援やコンテンツ企画、全国商業施設での SNS 研修などを手がける。
その後、空間を起点としたアートとの出会いに惹かれ、国内外のアートスポットを巡る旅へ。「多様な価値観に触れるきっかけを届けたい」という思いから、アートのある旅とつながりを育むメディア＆コミュニティ「ART TRAVELER」を立ち上げる。現在は、アートを通じて人と人が出会い、それぞれが自分自身の感性とつながる場づくりに取り組んでいる。
著書に『会わなくても"指名"される　トップ販売員の Instagram 力』（大和出版）がある。

株式会社grams　https://grams.work/
ART TRAVELER　https://art-traveler.jp/
ART TRAVELER Community　https://art-traveler.jp/community/
インスタグラムアカウント　@may_ugram

※本書は 2019 年 5 月発行の初版に加筆修正し、2023 年 7 月現在の情報に基づいて作成しております
※ OS のバージョンやデバイス環境などによって掲載画面のイメージが異なることがあります

「こだわり」からオファーにつながる！
**最新版　インスタグラムの新しい発信メソッド**

| 2023 年 8 月 31 日 | 初 版 発 行 |
| 2025 年 6 月 10 日 | 2 刷 発 行 |

著　者 —— 艸谷　真由

発行者 —— 中島　豊彦

発行所 ——— 同文舘出版株式会社

東京都千代田区神田神保町 1-41　〒 101-0051
電話　営業 03（3294）1801　編集 03（3294）1802
振替 00100-8-42935　　https://www.dobunkan.co.jp/

©M.Kusatani
印刷／製本：萩原印刷

ISBN978-4-495-54145-3
Printed in Japan 2023